中华文明汉字库·字知系列丛书

一字知礼

北京文化硅谷 ◎ 编著

ART&TIME
时代出版

时代出版传媒股份有限公司
北京时代华文书局

图书在版编目（CIP）数据

一字知礼 / 北京文化硅谷编著 . -- 北京 : 北京时代华文书局 , 2016.5
（中华文明汉字库 字知系列丛书）
ISBN 978-7-5699-0913-5

Ⅰ.①一… Ⅱ.①北… Ⅲ.①汉字－研究－青少年读物 Ⅳ.① H12-49

中国版本图书馆 CIP 数据核字 (2016) 第 101002 号

一字知礼

编　　著	北京文化硅谷
出 版 人	杨红卫
总 策 划	韦俊康
主　　编	于　鹏　许　雁
编　　写	葛　辉
责任编辑	胡俊生　孙　开
责任校对	徐丽波
责任印制	刘　银

出版发行｜时代出版传媒股份有限公司 http://www.press-mart.com
　　　　　北京时代华文书局 http://www.bjsdsj.com.cn
　　　　　北京市东城区安定门外大街 136 号皇城国际大厦 A 座 8 楼
　　　　　邮编： 100011　　电话： 010－64267955　64267677
印　　刷｜北京中科印刷有限公司　010-69590320
　　　　　（如发现印装质量问题，请与印刷厂联系调换）
开　　本｜700×1000mm　　1/16
印　　张｜15.5
字　　数｜200 千字
版　　次｜2016 年 7 月第 1 版　　2016 年 7 月第 1 次印刷
书　　号｜ISBN 978-7-5699-0913-5
定　　价｜36.00 元

前 言

我们背过的《三字经》里有这么一句："曰仁义，礼智信，此五常，不容紊。"你一定有些不以为然：都是老调调了！有什么意思？

其实，还是挺有意思的。

你知道中国的房子都是循着这五常建的吗？

你知道克己复礼的背后也激情四射吗？

你知道这五常还对应不同的颜色、不同的方位、不同的器官……甚至不同的季节吗？

你知道唠唠叨叨的孔子孟子，其实特别前卫吗？

你知道你现在生活中能接触到的一切，其实都有五常的影子吗？

……

"五"字的上下两横代表天地，"乂"表示互相交错。"五"是阴阳在天地之间交午。既是正午，也是数的中间数。"五"是中国最玄妙的数字之一，五行五色五味五方……说上几天几夜也说不完。

"常"呢，是"尚"＋"巾"。"尚"表示流行的、崇尚的；"巾"表示布巾、衣服，"常"的本义是古代长期普遍穿着的服饰。因为"常"是常服，引申为普遍的、恒久的。

一个是变化多端的"五"，一个是恒久的"常"，这种搭配多酷啊！

常者恒也，在社会生活中，"常"是规范、准则。五常是中国最核心的伦理，贯穿中华伦理的整个发展历程中。它们既是一种道德规范，又形成一种文化意识和理念，作为中国传统价值体系中的最核心因素，在中华大地广泛影响两千多年，成为炎黄民族精神的构成要素，是全世界华人精神文化的根。

这套"字知"系列，就是基于中华文明汉字库，对"仁义礼智信"进行多媒体、多元化解读，是国内第一个分别以"仁义礼智信"为核心，以汉字为载体，面向少年儿童的大型汉字文化类系列产品。

我们绝不向你唠叨那些陈词滥调。"字知"系列从一个字说起，力求生动、科学、前卫，以全新的视角诠释礼制、文化、科学、社会与历史等诸多领域的奇妙精彩。不知不觉中，你就会自觉修身、博学广纳，掌握探索的方法，并勇于实践。

很棒对不对！

"一字知礼"是"字知"系列的一部分，旨在"学汉字，知礼节"，通过汉字和礼，生动有趣地重现社会生活，让大家能从多元的角度理解礼、应用礼。

我们将在内容和表现形式上赋予"礼"创新、欢乐、互动的体验，通过这种新型"礼"文化的输出，让我们对于内部和外部世界更感兴趣、更了解和认同，并形成独立思考的精神，掌握行之有效的思维方法，为我们的人生助力，成为我们未来最强大的力量。

在求知中探索、在体验中开阔视野、在实践中成就自己，还有什么是比这更爽的！

打开书，欲罢不能的精彩体验就此开始——

目录
contents

一行知礼

一色知礼

知礼小字典

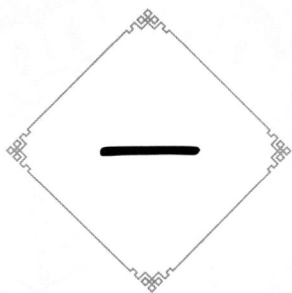

一
坐
知
禮

一 坐 知 礼

【坐相很关键】

【找准一席之地】

【一床客厅】

【第一把交椅】

坐相很关键

要说世界上最舒服的工作环境，大多数人会首先想到 Google（谷歌）公司：有滑梯有零食，还有各种休息室、游戏厅、校园一样的园区、设计独特的小空间……到处充斥着舒服的椅子、软软的沙发、造型各异的床……让你恨不得马上扑上去放松个够。

很多人扼腕：为什么我们中国就不能这样呢？别说躺着工作了，就是正常坐着都是正襟端坐。从小到大，我们在学校的课桌椅、在家的写字桌椅、在公司的办公桌椅，全都是缺乏科学性的直上直下……

这到底是为什么呀？

说到沙发，中国以前怎么就不流行沙发呢？

如果按常理推论，早在战国时期中国的纺织技术就已经达到相当高的水平了，按理说造个沙发也不难吧？原材料无非就是木头、棉花，就算需要金属，中国的冶炼技术也一直遥遥领先。造一个沙发，捧一本书软软地一坐，再靠个软垫倚着，多舒服！

呵呵，想都别想！还沙发？中国人原先连椅子都没有！那以前的人都怎么坐啊？难道坐在地上？还真是坐在地上！

我们先看看"坐"字。

"坐"字是两个"人"加一块"土"，就像两个人坐在土上，本义就是坐下来休息。古人席地而坐，"土"就是休息的地方。从这个"坐"字，我们就可以很明显地看出来，古人和我们现代的坐姿到底哪里不一样：我们有各种各样舒服的坐法，可是古人是直接跪坐在地上，两膝着地，屁股压在脚后跟上。在我们现在看来，这几乎称不上"坐"，就是标准的跪坐姿势。

古代男女坐姿

这个姿势在"女"字上体现得更明显。

"女"字就像女子跪坐的样子，双手交叉在胸前。为什么"女"字是女子跪坐的样子呢？有人说"女"字像女子跪坐，是表明古代女子地位低于男子。

但中国在唐朝以前没有椅子，就算是男子想要坐，也是要跪坐的。

就说离我们最近的清代，皇帝在养心殿西暖阁召见重臣时，一声赐坐，你以为真像电视里演的坐在椅子上啊？不是！是再跪在设在御前的那些毡垫子上（俗称军机垫），跪

古代女子跪坐

谢之后还是跪。而这毡垫子还是皇上体恤，品级低的官员只能跪在殿内的硬砖上，甚至只有跪在殿外的份儿。

清代皇帝接见朝廷重臣

我们再回看"女"字。女子跪坐在地上，双手放在胸前，是一个很合乎礼节的姿势，显得女性娴静美好，也体现了古代男主外、女主内的分工。

跪坐，又叫正坐，这是一种双膝着地的坐姿。从先秦到五代，跪都是一种坐礼，对坐时表示感激、敬意，行跪礼，如同站立时行揖礼。

"跪"字由"足"和"危"组成，"危"既是声旁也是形旁，表示坐直、毕恭毕敬的样子（见所敬忌，不敢自安也——《说文解字注》）。"足"在这里表示膝盖，"跪"的造字本义就是单膝或双膝着地，直腰低头，以示敬拜。

但在古代，相互叩拜是对等的，所谓来而不往非礼也。君王与百官也平等，都采用跪坐姿势见面，只分主次、并不分高下。除非祭拜天地祖宗，才是单方面的拜叩，那也是因为天地和死人是无法还礼的。

在古代，最恭谨的"坐"就是跪，这种双膝着地，

古代婚礼上男女叩跪之礼

字知系列丛书

上身重量落在脚上的坐姿，在物理上最省空间，在精神上是最大的自我约束，在形式上表示最高的敬意。我们现在在宗教和传统婚礼上所看到的叩跪之礼，是保留跪坐的虔诚和庄严。

古人端坐交谈

跪拜仪式

祭祀跪礼

肃拜礼——逢年过节跪拜

　　跪坐看起来一点也不轻松，那除了跪坐，还有没有更轻松的坐姿呢？还是有的。

　　　　　　比跪坐轻松的是盘膝而坐，盘踞在地上、床上，都不算失礼。但是，如果只"踞"而不"盘"，就于礼不合了！

　　　　　　踞，由"足"和"居"组成，"居"表示读音，也表示身体长时间不挪动位置。"足"和"居"合起来说明"踞"

就是腿足屈曲，说白了就是蹲坐。

这么看来，"踞"好像确实不太雅观。

古人即使独处，也谨慎守礼。《韩诗外传》记载了一个和"踞"有关的故事：

有一天，孟子要休妻，孟母问他为什么？孟子只说了一个字："踞。"意思是：娘子竟然蹲着坐！简直太失礼了！而且实在很难看！孟妻就这样踞出了祸。不过孟母更关心另一个问题，问道："你是怎么知道的？"孟子说："我亲眼见到的！"孟母回答得很是巧妙，她说："你乘人不备，乱闯人家的私人空间，害得人家被你看到失礼的样子，真正无礼的是你！"一向擅长雄辩的孟子听了，竟无言以对，再也不提休妻的事了。

但孟妻的"蹲踞"还不是最失礼的，坐姿中更不敬的是"箕踞"（"坐毋箕"《礼记·曲礼上》）。"箕踞"究竟是个什么样子呢？

孟子妻子蹲踞

箕踞，就是两脚随意地张开，形状像个清扫垃圾的簸箕。这是一种轻慢傲视对方的姿态。它与"蹲踞"之别，只在两脚："蹲踞"耸膝，而"箕踞"伸脚。

可能有些人还会不以为然：随便放松一下又怎么样呢？

那是你还不知道一件很关键的事。

在汉代以前，古人无论男女老少，是不穿内裤的。汉代以后才出现开裆裤，那也是为了方便如厕，不穿也顺理成章。这样的情形，至少延续到唐朝。

在这种情形之下，你再想想"蹲踞"和"箕踞"的姿势，是不是失礼得让人不能直视？

历史上，能够在大场面中踞着坐的，只有荆轲。

荆轲在刺秦失败后，身上带着伤，"倚柱而笑，箕踞以骂"（《史记·荆轲传》）。在那样的情境下，荆轲的悲剧命运已经注定，英雄气概已经爆棚，再通过"箕踞"的动作把对秦王的蔑视表达得淋漓尽致，后人才能接受他的无礼。

荆轲倚柱箕踞

席地而坐的传统，历经夏商周、春秋战国，长达两千多年；从传入中国的胡床，再到椅子，中国有了正式的坐具，又历经秦汉魏晋隋唐一千年；到了唐代，高足坐具才开始和床榻并处，直至宋代才终于完全取代古人席地而坐的生活习惯。可见，得体的"坐"姿在漫长的三千年岁月中，扮演了怎样的角色，传达着怎样的讯息。

这样你就会明白，为什么谷歌可以把公司弄得到处都是沙发，而中国的公司却很少这么做。除了现实考虑，更重要的是，在中国人看来，好好坐着是最基本的礼仪，显示的是自律，也是对工作、对他人的一种尊重。只要是中国公司，你就是在办公室里摆再多的沙发，也很少有人好意思真的四仰八叉倒在那"放松"。

得体的坐姿从古代延续到现在。我们在正式的社交场合，哪怕座椅再舒服，也不能随意地倚靠，以免显得懒散没礼貌。我们现在也讲究"坐如钟"：就是要端端正正地坐着，上身挺直，关节平正，两脚自然着地。男士将双腿微微分开，手自然地放在双腿上；女士双腿要闭合，左手放在左腿上，右手放在左手上……看，这种放在现代也最合礼的坐姿，是不是还有席地时代流传下来的"正坐"遗风？

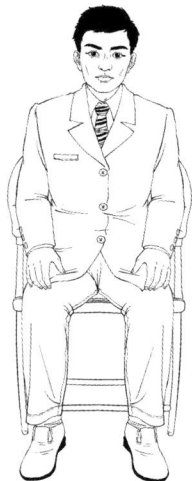

现代男子端坐　　　　　　　　现代女子端坐

　　古人的"坐"，绝对不是为了要让自己舒服的。在有坐具以前，合礼的坐姿只能靠自己约束自己；即使有了坐具，也都是直上直下，没有一款符合人体力学。说白了，中国古代的椅子，是为了让你挺直脊背，严肃认真，彰显威严或恭谨，绝不是让你放松的。

　　这样你就明白了，你每天坐的课桌椅、办公桌椅，为什么长久以来只在细节上有变化，外形还是换汤不换药的直上直下了。

　　这样总体平直的桌椅，能让你坐姿端正，有助于集中注意力，也会使老师和同伴受到尊重，对你的印象分会一路飙升。

　　还有，别以为沙发软软的就舒服，我们每天上学也好、工作也好，大多数人要在桌椅前连续固定坐几个小时，如果桌椅高度搭配不合理或不平直，才更容易疲劳。更坏事的是，长期歪七扭八的不良坐姿会影响体态，到时候脊柱弯曲、变形、驼背什么的，想要做男神女神可就没戏了。

你看，长辈告诉我们"好好坐着"，多有讲究！如果你不好好坐着，你永远不知道你会损失什么。也许有你向往的老师或同伴其实也在关注你，你一个随意傲慢的二郎腿，就足以让别人不舒服，打消别人对你的亲近；也许有师长想提点你，你一个四仰八叉的没骨头样，就会让别人不想再搭理你……碰到脾气暴的还给自己招祸：怎么着？瞧不起我？信不信我揍你？！

说到底，好好坐着，能让你迅速进入良好的状态，这状态是你自己的，也是带给别人的尊重。

知礼贴士

面试怎么坐

面试几乎是我们每个人的人生中都会经历的特殊考试。因为面试是考官对考生的面对面交谈与观察，是对我们由表及里的考评，因此我们行为的每一个细节都会变得无比重要。很多考生在面试的时候不知道怎么坐，手脚不听使唤，无法专心回答面试官的问话……这些举动看在面试官眼里，结果可想而知。

知礼君就给你支几个大招，保你在面试时坐姿通关，满场好状态。

首先要自信大方。

告诉自己你已经准备好了，入座时要轻而缓，不要发出任何嘈杂的声音。面试过程中，身体不要随意扭动，双手不要有多余的动作，双腿不要抖动。还有一些小动作也要避免：比如用手摸头发、摸耳朵、捂嘴说话、揪衣角……虽然你可能是无心的，但面试官会因此认为你没有用心交谈，甚至会怀疑你话语的真实性（据说说谎时都会有下意识小动作）。

然后要注意距离。

面试时候不能紧张，但是过于放松也不合适。有的面试者一坐下来就习惯地将椅子往前靠，由于越来越放松，说到激动的地方，就不由自主地将身子探得更近了，兴奋得忘乎所以、唾沫横飞。面试者还没意识到，他现在已经很失礼了。

说话时与对方离得太远，会使对方误认为你不愿向他表示友好和亲近；但是如果离得太近，一不小心就会把唾沫溅在别人脸上，并且距离过近容易让人感到被冒犯。一般与主考官保持一两个人的距离最合适，既让对方感到亲切，同时又保持一定的"社交距离"，在人们的主观感受上，这也是最舒服的。

男性在面试入座时，双脚踏地，双膝之间至少要有一拳的距离，双手可分别放在左右膝盖之上。女性入座时，双腿并拢并斜放一侧，这样会使腿部线条更显修长，也显得优雅端正。如果女性穿着套裙，入座前要先收拢裙边再就座，坐下后，上身挺直，头部端正，目光平视面试官。坐稳后，身子一般占座位的三分之二，两手掌心向下，自然放在两腿上，两脚自然放好，两膝并拢，面带微笑保持自然放松。

最后，要有一个完美的结束。

面试交谈完，要礼貌起身。起立时和就座一样，不要发出任何声音。一般入座通常由左边进入座位，站立时也要站在椅子的左边，起立时也可由左边退出，然后礼貌离开，为你的整场面试画上一个完美的句号。

有礼数的人总是招人喜欢的，会让人觉得你行为端正有教养、稳重大气上档次。这样，即使你能力暂时有不足，别人也愿意给你更多机会。

找准一席之地

和一大群人一起合影的时候，你有没有发懵过：我该在哪啊？

参会聚餐时，没有人提醒你，你有没有茫然过：我该坐哪啊？

有领导和客人来，让你安排席位，你知道怎么安排吗？

国际盛事的时候，各国首脑政要在一起，你知道他们为什么是那么个座次吗？

要知道，无论在中国人还是在外国人眼里，有座就有次，有席就有位。一个萝卜一个坑，乱坐是很跌份儿的。

中国人说"一席之地"，可不光是一个席位。你在不同场合的定位、在别人心里的分量，别人在你心里的地位，微妙的关系，磁场的联动……都会从这一"席"里体现出来。不知道这里边的学问，你就找不好自己的一席之地。

不信？咱们就说道说道。

从前有个想做大王的平民，听说只要攻下函谷关，就能做关中王，心痒得不行，出了咸阳就奔函谷关去了。

这下这个叫刘邦的未知大王把一个叫项羽的准大王

项庄舞剑意在沛公

惹怒了，项羽一举攻破函谷关，直抵新丰鸿门，让刘邦把吃到嘴的都给他吐出来。

吐完了还不算解气，还要请他吃饭，再继续吐。这是正宗的鸿门宴！项羽一方布下天罗地网，准备了无数的杀招，不来是死，来嘛——也不见得能活。

就这样，刘邦怀揣着扑腾扑腾的小心肝儿去赴宴了，经过一番环生险象的敬酒罚酒和推杯换盏之后，他终于借尿尿逃跑了。经历了一次鸿门宴，刘邦踏踏实实地闯关打怪，最终成功逆袭，成为中国历史上第一位由平民上位的皇帝。

刘邦逃跑有道，他老婆吕后可是害人有招。

"吕太后的筵席"，就是以凶狠毒辣、杀机重重而闻名。话说刘邦和情妇曹氏生了一个庶长子（古代有嫡庶之分，皇后生育的孩子为嫡出，其他妃妾生的孩子为庶出），叫刘肥（这名字也够奇葩）。有一次，刘肥进京朝见汉惠帝（吕后的亲儿子），筵席中，汉惠帝因刘肥是长兄，就按照礼节让他坐在上首座席。吕后本来就看刘肥不顺眼，更何况一个私生子居然坐在上首，这口气她怎么也咽不下去，就命人倒了一杯毒酒给刘肥。

吕后筵，杀机重重

字知系列丛书

或许刘肥是继承了刘邦的怀疑精神，感觉气场不对，没敢喝，假装醉酒逃过一劫。

后来，吕后闲得慌，又摆筵席，这下该轮到刘章为他老爹刘肥报仇了。筵席中，诸吕姓官员中居然有一人逃酒，刘章毫不客气地拔剑杀了他。够狠吧？从此，"吕太后的筵席"就是指布满杀机的筵席了。

说了这么多，"宴席"和"筵席"到底有什么不同。

我们先看看这个"宴"字。"宴"字是由"宀"和"妟"（yàn）组成，"宀"表示房屋，"妟"有安定、安乐的意思，既是声旁也是形旁。"宴"的本义就是安定。（后来，也指人们安闲无事的时候请人吃饭喝酒）所以，"宴如"、"宴然"就是安定、平静的样子。

"筵"由"⺮"和"延"组成，本义是可以推卷、延续的竹席。这种竹席是古代铺在地上供人落座时垫底的。古人席地而坐，铺设座席不止一层，紧靠地面的一层称作筵，筵上面的称席。

"席"的古字是由"巾"和"庶"组成，"巾"指用布帛或其他材料制作的垫子，"庶"有处于下方的含义，"席"的本义是指供人坐卧铺垫的垫子。

那么，这"筵席"和"宴席"究竟有什么不同呢？

筵席包括席桌上的酒菜配置、酒菜的上法、吃法、陈设。古代吃饭是没有凳子的，全部是席地而坐。铺在下面的大席子是"筵"，每人一座的小席子是"席"，合起来就叫"筵席"。

但是宴席则不同，宴席是有许多人出席，常常为宴请某人或为纪念什么事情而举办。它在筵席的基础上补加了礼仪程序，所以鸿门宴上会有项庄舞剑的礼仪活动（虽然不怀好意），这要是"鸿门筵"，估计项庄的剑都会舞不开。同样的，因为"筵席"强调的是酒宴时的座位与座次，座次直接代表身份，所以吕太后才会因为私生子刘肥坐在上首座席而起杀心，也是这个典故为什么叫"吕后筵"而不叫"吕后宴"的真正原因。

古代筵席一般是四人

不管是筵席还是宴席，都缺不了席，说到底，"席"才是主角。

古人说的"席地"，是在地上设座，可以很隆重、很严肃。现在说的"席地"就是随便地坐在地上，意思可是大大的不同。古人甚至为席地设计了各式各样的蔽膝。可以说，古代最初的宗法礼仪、生活习惯、器物衣着都是环绕"席地而坐"而发展起来的。

衣服下面的短裙即是蔽膝

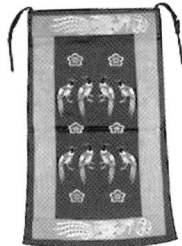

花色不同的蔽膝

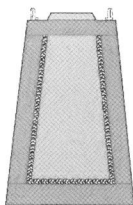

花色不同的蔽膝

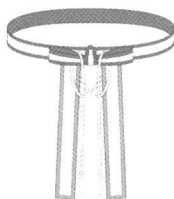

系扎蔽膝的大带

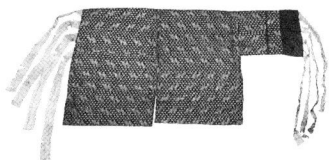

北国马王堆出土服饰褐
地朵梅鸾章金锦棉蔽膝

宋代仁宗皇后的蔽膝

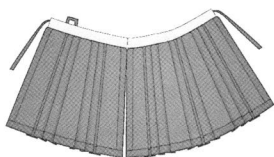

明代宫廷蔽膝

说到席，大家别以为席就是草编的，正宗的坐具在当初也就是那么一条席，要将君臣、男女、尊卑、长幼、亲疏等关系都应付周到，除了摆放的位置有讲究，还要在尺寸、质地和数目上下功夫。《周礼》中说"天子之堂九筵"，即天子的厅堂东西宽度要能铺开九张筵；而厚度则是天子五重席、诸侯三重、大夫两重，依次递减。所以，不是那个身份千万别多摆筵席，要不然吕后会找你"吃饭"。

我们再来科普一下几个古代常用座次术语：

席头——指筵席上坐在首位的贵客。

席面——筵席上与主人相对的客位。

席上——筵席之上首（估计刘肥坐的就是这位置）。

中席——指尊者的席位，席位居中。

席下——筵席西首。

下筵——筵席的下位，职位低的人坐这。

23

席头

席上

席下

中席

下筵

席面

古人宴饮

从这些名词就可以看出来，古人的座次不论是东西，还是左右，都是有讲究的，绝不能乱坐。入席之后只要稍微瞄上一眼，身份地位就一目了然。当然，得先有一席之地。

古时席位座次尊卑有别，十分严格。皇帝宴请群臣，皇帝的座位一定是坐北向南的，越靠近皇帝官位越大，所以称王称帝也叫做"南面"，称臣或战败也叫做"北面"。古代的室，东西长而南北窄，因此室内最尊的座次是坐西面东，其次是坐北向南，再次是坐南面北，最卑的是坐东面西。

根据这些规则，我们再回过头来看鸿门宴的座次："项王、项伯东而坐，亚父南向坐。亚父者，范增也。沛公北向坐，张良西向侍"。也就是说，项羽和叔父项伯朝东而坐，为最尊；范增朝南坐，为次尊；刘邦朝北坐，卑微于范增；张良朝西坐，还坐在帐门旁，地位最卑微。从这个座次安排就可以看出来，刘邦在鸿门宴中的绝对弱势，一个好点的席位也没捞到，从身份地位到尊严面子都被项羽一方无情碾压。项羽集团等于在借座次敲打刘邦：你还想做关中王？还是卑位最配你！一边儿待着去吧！

估计是鸿门宴留下的阴影，后来请人吃饭的主人们为了让客人安心，就安排（被请的主要的）客人坐在面对门，也就是离门最远的位置，借此让客人知道，这纯粹是愉快地吃饭，绝不会有刺客从背后暗杀。而且如果真有异动，客人可以马上看到进门的人和突发状况，就会立刻做出反应；为了表明心迹，证明自己没有恶意，背对门的位置都是由主人来坐，而主要客人则必定面对门而坐。这个习惯流传至今，因此在圆桌用餐时，面对门的位置就是上位，由主客来坐；背对门的位置则是下位，由请客的主人来坐（这个位置也方便与服务员交流和买单）。所以，以后请人吃饭和被请都要注意这一点，别坐错了位置而有失水准。

席上、中席和席下，也并不是字面上的上中下地位，中席还是尊者呢！"席下"是筵席西首，但是只代表这是宾位，不代表地位低。

古代还以西东分区为宾主，主人称为"东家"（东道主就是这么来的），家庭教师就称为"西席"。

汉代室内的座次是以靠西而坐，即面向东方为最尊。西席，就是"坐西面东"的座次，这样安排是表示对老师的尊敬。

不管席位规矩怎么变化，原则上都是看每个场合更重视什么，重视地位，就会把地位最高的放在主位；重视宾主，就会把贵客放在主位；重视教育，就会把教师放在主位……所以，座次显示的不仅是礼仪，还是你在每个场合的角色，以及别人在你心里、你在别人心里的地位。

饭不能乱吃，席不能乱坐。在你坐下之前，该坐哪，可要想好了。

知礼贴士

座次有惯例

虽然席位有很多讲究，但也是有规律的。小伙伴们不用愁，知礼君帮你科普一下座次惯例。

宴席座次总体原则是：以面门为上、以右为尊，也就是面门居中位置为主位；主左宾右分两侧而坐；或主宾双方交错而坐；越近首席，位次越高；同等距离，右高左低。当然特殊情况可以适当变通，比如主宾身份高于主人，为了表示尊重，主宾可以在主人的位置上，而主人则坐在主宾的位置上。

这样一说，你就会坐了吧？

轿车的座次也是有国际惯例的，通常情况下，共乘轿车时的座次规矩是：右高左低，后高前低。也就是说，轿车座次的尊卑从高到低是：后排右位——后排左位——前排右位——前排左位。

不过，如果是主人或熟识的朋友亲自驾车时，你坐到后面位置，就等于向主人宣布你是在打车，非常不礼貌。这种情况下，副驾驶的位置就变成上座。如果主人开车，同坐多人，中途坐前座的客人下车后，在后面坐的客人应改坐前座，以示对主人的尊重。

另外在接送高级官员、将领、明星、公众人物时，考虑到乘坐者的安全性和隐私性，司机后方位置就变为汽车的上座，也就是通常所说的VIP位置。

会议的座次也有规矩可循。首先是前高后低，其次是中央高于两侧，最后是左高右低（中国惯例）和右高左低（国际惯例）。

总体说来，只要有座位，就存在座次，普适的原则是下面几条：

以右为上（遵循国际惯例）

居中为上（中央高于两侧）

前排为上（适用所有场合）

以远为上（远离房门为上）

知道了这些原则，在公众场合和大小聚会中，你不但会清楚地知道自己该坐在哪里最合适，同时也会明白同座的人在这个场合中的身份地位。从座次安排就可以初步地知己知彼，该如何得体地表现，你也就有谱了。

一床客厅

某年某月某天，云南大学的几个学生在宿舍里打牌，因同学 A 怀疑同学 B 出牌作弊，两人发生争执。同学 A 说："没想到连打牌你都玩假，你为人太差了！难怪 C 过生日都不请你……"

这本来只是同寝之间的一件小事，但是 B 认为 A 严重伤害了自己的自尊心，于是，他一口气杀害了 4 名同学。这个可怜可叹的大学生杀手就是马加爵。

寝室伤害常常因小事而起。有的因为嫉妒给同寝投毒；有的因为寝友未及时开门就大打出手，直到一方被捅死；有的因为对方打呼噜太响就将对方残忍杀害……很多人看到这些案例，在惊叹之余都大呼庆幸，"感谢寝友当年不杀之恩……"

同寝，是一种亲密而又特殊的关系，可以糟糕到极点，也可以美好到极致。每天朝夕相处，对方的好处坏处毫厘毕现地呈现在你眼前。以床为主角的空间，本来是物理上的近距离，却发生了化学变化，使我们直接从"心"的角度去衡量对方。

床，营造了一个非常私密的效果，这和所有的相处环境都不同。

但床也不是一开始就这么私密的。

话说《史记·滑稽列传》里有个滑稽事儿：楚庄王大家知道吧？"春秋五霸"之一！这楚庄王在成名之前，还是个浪子的时候，有个最爱！他最最最最宠爱的呀——是一匹马！宠爱到什么程度呢？楚庄王给它"衣以文绣，置之华屋之下，席以露床，啖以枣脯"。

楚庄王为马准备的铺设有竹席的露床

一个以草为主食的动物总吃营养品没问题吗？当然有问题啊！这马就这样肥死了！肥马死了，楚庄王实在太伤心了！悲痛之余，他就下了一个疯癫的命令：让群臣给马发丧！并要以大夫之礼为之安葬——内棺外椁！大臣们不干了！这不是侮辱人吗？集体对庄王表示不满，坚决不能向一匹死马屈服。可是大臣们这样跟一个半疯儿的楚庄王叫板，不是找收拾吗？楚庄王发怒了："再有议论葬马者，杀无赦！"

这时候更疯狂的人出现了——优孟！优孟听说楚庄王要葬马，跑进大殿这顿哭。楚庄王吃惊地问："怎么回事？你怎么比我还伤心？"优孟还当真人戏很深："我堂堂楚国地大物博，就是不差钱！大王的爱马肥死，只以大夫之礼安葬，实在是太不讲究了，必须以君王之礼安葬才行！"

疯人还得疯人磨啊！楚庄王听后，二话没说——组织大家将马剥皮煮肉吃进了肚子里。估计是吃了马肉，楚庄王大彻大悟，最后居然成为一代霸主！真乃神马也！虽然是则笑话典故，但是却说明了一个道理：玩物丧志。幸亏楚庄王醒悟及时，从优孟的哭诉中得到了启发，令人煮马肉吃了作罢。下面我们重点说说这匹神马下榻的露床。

何谓露床？就是没有帷幔帐子，四周都可以看得到的床，这可是战国时期的一种尊贵坐具呢！这回你该知道大臣们为什么怒了吧！很多大臣都是没资格或者坐不起露床的！因为露床的核心是"床"。

甲骨文的"床"，写作"爿"（pán，劈成片的竹木，像一个旋转了90度的几），把"爿"放倒，就是以前的床的样子。"床"字就像有两个脚架、铺着木板的床。

古代早期的坐卧床具

床的结构和"几"很像，有足有横木，因此也称为"安身之几坐"。

几（jī），字形就像案几的侧影，"几"的本义就是低矮的案几。后来专指有光滑平面、腿和其它支撑物而固定起来的小桌子，比如茶几（我们有理由相信这种低矮的案几和席地的坐法脱不开干系）。

明白了床的结构，床的量级和综合功能也浮出水面了，这床简直就是客厅中的客厅：客人登门，脱下鞋履，爬上去一起坐，俨然可以充当社交、互吹、宴饮、消遣的平台。

东晋时期的桌案，是一种低矮的案几

　　"东床快婿"中的床，就是这么一张兼顾吃、喝、坐的床。

　　太尉郗鉴听说琅琊王氏的子侄都很英俊，就想在王家挑个女婿，王丞相很仗义："帅哥都在东厢房！随便挑！"

　　郗鉴派来的门客一看，王家帅哥果然多！而且听说有人来选婿，还都仔细打扮了一番，那叫一个得体。只有一个青年，估计是个吃货，在东边的床上旁若无人地露出肚皮吃胡饼。

　　门客回去就跟郗鉴告状了。按门客的想法，这样的选手就是首轮被淘汰的货！没想到郗鉴的反应不像正常人："这真是好女婿！就他了！"

　　虽然这人确实是好女婿——被相中的是大名鼎鼎的王羲之！不过东床坦腹，还能被太尉相中，这不科学啊！

　　郗鉴能接受一个东床坦腹的女婿，也和魏晋名士的疏狂脱不开干系，他们是叛逆的一代，专门为挑衅礼法而生的自由主义者。这些人不论什么场合，前襟总是往外撇，袒露胸膛，放荡不羁（为了一踞就能休妻的孟子要是看到这么一群人，估计得自戳双目）。再看看砖画中的阮籍，树下箕坐芦席，吹着口哨，就这造型，你就是给他一把椅子，他也不会坐。

肥马的露床和东晋的东床相距七八个世纪，大家依然还没有椅子坐。床在现在主要是用来睡的，在古代却兼备坐、卧、见客、演奏、宴会等功能，说它是客厅中的客厅，一点也不为过，因为它就是坐具中的老大（纯粹因为大），是堂中最重要的陈设，在周代，皇家就有专人专职布置床。

因为床在古代很长一段时间都兼顾坐具的功能，所以古代的"床"是相对开放的概念，上人家床就跟进人家客厅一样自然；现在因为"床"不再是坐具，是单纯的卧具，相应就有更多的隐秘性。作客的时候，礼貌的做法就是老老实实待在客厅，除非主人邀请，否则不要进入人家的卧室和其他隐私空间。

早期的六足矮床　　　　晋代以后文人常用来下棋、饮茶的坐榻——坐床

其实椅子（交椅）在东汉就已经传入了中国，但是并没有成功地让大家都坐上去。如果不是魏晋知识分子对传统礼教发起的挑战，如果不是唐朝的创始人本身就有开放的外族血统……相信好古守礼的中国人，已经把席地坐出礼法的中国人，要坐下来时，仍会在筵席与床榻之间选择。

然而，流行趋势势不可挡，椅子注定要独领风骚，床注定要从开放坐具变成私密卧具。

住宿有礼

现代社会节奏加快，人们经常需要出远门，譬如求学、出差、考察、旅游……不论是借宿在亲朋好友家还是住在旅馆、酒店，都是有住宿礼仪的。

当我们办理住宿的时候，要耐心回答服务台工作人员的询问，按旅馆的规章制度办理登记手续，有事多协商。

住进客房后要讲究卫生，将废弃物扔进纸篓。爱护房内设备，不要随便移动电视或床的位置，也不要乱用酒店用品，比如用脸巾擦地，把浴巾当地垫……当服务员进来做清洁时，旅客不妨先到室外转一转，等服务员忙完再回房间。

旅馆是公众休息的场所，我们在住宿时应保持安静，压低音量，将电视机的音量调小；若和其他旅客同住一室，应以礼相待，互相关照。晚上早些就寝，以免影响他人休息。

住宿生在学校住宿也是一样，除了遵守学校的规章制度外，也有很多日常需要注意的地方：

首先要保持宿舍整洁和个人卫生。衣服袜子要勤换勤洗不乱丢；自己住的时候再懒，和他人一起住时也要干净整洁，这也是修养的体现。

另外盥洗用具、吃饭用具要安放整齐，避免随便混用；吃零食时最好能和舍友们共享，别私下独自大吃大嚼；拿用室友物品时要经主人同意，用后及时归还；妥善保管重要物品，以免因保管失当，造成遗失而引起同寝间的相互猜忌；平时用电、用火要注意安全，熄灯后尽量别再点灯或蜡烛，以免影响舍友休息，甚至造成火灾。

同寝生活是对个人修养及生活习惯从外到内的考验，希望我们都自觉自律，多为他人着想，多多包容对方，做一个让人喜欢的寝友。

第一把交椅

如果我跟你说，中国一半以上的礼仪和生活习惯都和一把椅子有关，你一定不信。

现在你能在椅子上想怎么坐就怎么坐，放在最早，那是皇帝待遇！

你坐着的这把椅子，来头大了！

要说史上最会玩的皇帝，汉灵帝刘宏绝对是个翘楚。

为什么这么说呢？他曾经驾着驴车满宫殿跑；还让穿着朝服的狗上朝；再者就是引渠水环绕一千间房屋……哈哈，这都还算小儿科，最有创意的是，他在后宫仿造街市，让宫女嫔妃一部分扮成各种商人叫卖，另一部分扮成买家，还有的扮成卖唱的、耍猴的。他自己则扮演商人，在这山寨版的集市上走来走去，或在酒肆中饮酒作乐，或与店主、顾客相互吵嘴、打架、厮斗，玩得不亦乐乎。

这简直就是 cosplay 的鼻祖、大型互动游戏的创始人啊！

灵帝仿造的市场中，卖得最多的商品是什么？

胡服、胡帐、胡床、胡饭、胡箜篌、胡笛、胡姬……

这灵帝就是个胡粉儿！

古代胡人坐交椅听演奏

胡人用品的大量涌入，敏感的政治家一般都会警惕："这是要干什么？

有阴谋！"不过，像灵帝这种玩家，<u>丝毫感觉不到危机的来临</u>。

汉朝以来，就有胡人不断向中原迁徙，逐渐盘踞华北地区，势力很快就逐渐壮大起来了，并且大大推动了民族融合。随之而来的，便是很多以"胡"字组成的词，比如胡床，就是胡人带来的。

"胡床"说是床，其实是一种用木棍和绳索制成的折叠床，可躺可坐而且携带方便，因此后来也称胡床为"交床"、"交椅"。

席地而坐，脚是没地方垂的，但是有了胡床就不一样了。

至于为什么叫做交床、交椅？这还得从"交"字说起。

从字形上看，"交"就像是一个反插双腿站立的人，因此有"交叉"的含义。

交椅，就是椅子腿交叉的椅子，也就是早期的"马扎"。这样用的时候能支起来，不用的时候能合成扁平扁平的，非常方便。

交椅就是绳床。在东汉时，从西域地区流传出了一种轻便的折叠坐具，叫做胡床，是当时军队中通用的。

游牧民族常年东奔西走，到处野餐，这交椅简直是居家旅行、长途跋涉的最佳搭档。就是现在，我们户外野餐的折叠椅，都没比它进步多少。此外，由于胡床——交椅具有诸多卖点，且在胡人的强势推销下，终于在中原地区流行起来，替代了当时人们"席地而坐"的方式，同时抬高了日常坐具的高度，"垂足坐"这个新潮坐法也从贵族中间流行开了。

　　别看就是这么一把简单的折叠椅，也不是任何人都能坐的，它的第一受众是贵族。在当时，坐交椅是身份、地位的象征（因为居高临下嘛），正因为交椅有这样的特殊意义，所以坐"第一把交椅"就成了首领的代名词。

　　唐玄宗有个随从很有才，他在胡床基础上，造出了专供玄宗出游时坐的"逍遥座"。此后，胡床与中国传统的榻相互取长补短，不断改革，慢慢设计出了靠背、扶手，这便可以"倚"了，"椅子"就这样出现了。

　　"椅子"就得能倚。因为最早的椅子是用木头做的，所以"椅"是木字旁；奇，既是声旁也是形旁，是"倚"的省略，表示倚靠。椅子就是有靠背的坐具，而没有靠背和扶手的坐具不叫椅子，叫凳子。

　　真正的椅子究竟是什么时候诞生的呢？敦煌莫高窟的西魏壁画上，菩萨双手置两侧，垂足而坐，这是椅子的最早画像，名字则到唐朝才正式确立。谁能想象得出，秦朝之前的君王将相都是跪着上朝的。

敦煌壁画菩萨垂足而坐

　　大概是因为坐具变高了，人的视野也变得不同，还显得非常威严。

因此较长一段时间里，坐在椅子上，便成为至高无上的一种权力象征，皇帝的椅子——龙椅和御座则成了不可触摸的重器。

就是现在，坐在椅子上也是有讲究的。虽然不用像古代皇帝那么正襟危坐，但也不能东倒西歪。坐下后，上身要保持挺直，头部端正，目光平视前方或交谈对象。腰背稍微靠一点椅背就好，不能坐满座位，一般只坐到座位的 2/3 就好。

说白了，就是要端端正正，有礼有节。

从筵席到座椅，升高了差不多 45 厘米，就是这 45 厘米，使古人的生活发生了翻天覆地的改变。

因为坐具的变高，所有的家具都开始变高：原来配合席地而坐的几啊、案啊开始变成桌；矮家具开始变高；随后窗户屏风也变高了、匾额书画也得往高挂、房屋的举架也跟着增高、人们的生活空间日渐扩大了……

因为坐具的变高，服饰也发生了变化：蔽膝用不着了，光脚坐着不行了，衣服可以从宽松变得收身了（以前要是衣服太紧，席地那么一坐——嗤拉——礼数尽毁），下摆也不用拖着地了，衣和裳也可以分开了，唐代也可以穿低胸装了，衣裙变短变紧，像以前那样不穿内裤就不好了……

因为坐具的变高，古人的饮食习惯也从过去各自坐在一块席上的"分案而食"，改为大家围拢在餐桌前共餐……

因为坐具的变高，艺术也变得不同。以前抱琵琶是横着抱（因为坐在地上），有了椅子，琵琶之类的乐器就变成现在的垂直抱琴。你跪坐着拉二胡试试，重心要大部分落到脚上，手上拉出的音色和音长跟坐在椅子上肯定不能比……

这就是一把椅子引发的革命！

高足坐具从地中海传到古希腊，再经由中东，通过胡人传入中国。它并非原生于中国，却逐渐成为了非常中国的象征。从此，中国人的生活翻开了新的篇章。

如何使用座椅

我们每天都要坐在椅子上，你知道在日常生活中，不同的场合要用什么样的椅子，又该怎样摆放才合理吗？

现在的椅子虽然不讲究等级，但如果是领导座椅，一般还是比普通座椅要高大宽阔的，材质上也会选择内敛的皮质，以示对领导的尊敬。在位置摆放上，领导的座椅一般不宜正对大门，而是要背朝实墙，面靠窗而不对窗，这样既保证了光照，又给人最舒服的距离，不会过于威严不易亲近，也不会过于随便。

办公和学习座椅要适合久坐，配置一般会舒适些，在材质上，实木、皮质、海绵钢架的椅子都很合适。摆放上也不宜正对大门。大门附近气流不均匀，会导致人的思维紊乱，人来人往也会使人的精力不容易集中。椅子能靠实墙是最好的，靠实墙让人觉得心安、后背有依靠，也方便身体放松。如果没有条件做到位置靠墙，在选择椅子的时候就要尽量选择高靠背的，从而补足这种微妙的踏实感。长期坐没有靠背的椅子会让人处在紧张的状态中，不利于保持学习和工作的良好状态。

椅后要有靠，而椅子前方最好要宽敞，开阔的视野会让人的心情也随之开阔。尽可能不面对墙或者柱子，容易造成压迫感，影响人的决断力。最好是与前座能有一米两米的宽度，不会显得太拥挤，视觉也比较开阔。

其他场合也有适配的椅子。比如在商场，由于人流多，通常用硬塑或亚可力、玻璃钢材质的椅子，既安全耐用又便于保洁；在酒店，为了营造温馨感，一般会采用实木骨架的海绵布艺椅子；在餐厅，要求椅子防火性好、美观卫生又耐用，因此多采用曲木钢架、防火面板……

当然了，居家的椅子就没有那么多讲究了，怎么舒服怎么坐。

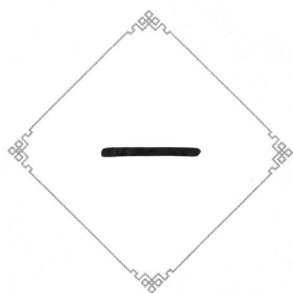

一

衣

知

禮

一 衣知礼

【从一件纱衣说起】

【头上的衣】

【衣服穿脚上】

【最不缺德的石头】

【衣有五服，人有九族】

从一件纱衣说起

现在有很多古装剧，演绎历史也好，架空历史或是穿越也罢，总让女演员们穿得很少。尤其是唐朝的古装剧，更是打着唐朝"开放"的旗号，无论什么身份上来都一通露，这一件件袒胸露乳的服饰自然也就成为了话题热点。有热点就有了收视率，主创人员才不管古人究竟怎么穿呢！

一部影视作品是否用心，值不值得一看，从服饰的细节就可以看出来。一个尊重观众，想要给观众好戏看的团队，是绝不会让演员乱穿衣服的。

再说了，要论薄透露，他们还真小看古人了。

你再薄再透再露，也薄不过 2100 多年前的一件衣服。

公元前 186 年，一位美丽传奇的女子去世了，她就是西汉长沙国丞相轪（dài）侯利苍的妻子——辛追，享年 50 岁。这位真正的贵妇身穿 20 层衣服，被安葬在重重相套的四重棺椁（guǒ）之中。她躺在大木棺的中央，和长沙国的两任轪侯——她的丈夫利苍、儿子利豨（xī）葬在了一起。他们一起在长沙马王堆的地下安眠了两千多年。只是，她的传奇还远远没有结束，2100 多年后的 1972 年，考古学家发现了她……

世人看到她的时候惊呆了！历时 2100

辛追复原图

一字知礼

多年，她的外形完整无缺，全身柔软有弹性，新鲜得就好像刚刚合眼。历史如此悠久的湿尸，她是世界第一。

世人还没惊叹完，又被另一件随葬品夺去了眼球。那就是随即被称为国宝的素纱襌（dān）衣。

辛追的这件襌衣用纱料制成，因为没有颜色，没有衬里，出土后就被命名为"素纱襌衣"。

这件素纱襌衣衣长 128 厘米，通袖长 190 厘米（汉朝服装的袖子要长一些），由上衣和下裳两部分构成，是世界上最早的印花织物。交领、右衽（rèn）、直裾。

马王堆汉墓出土的辛追素纱襌衣

面料是素纱，丝缕极细，共用料约 2.6 平方米（比一张大床的床单都大），重仅 49 克！不到一两！比一个小鸡蛋还轻！

为了让大家深刻认识这件国宝级的衣服，我们先来认识一些与衣服和面料有关的名词。

人们常说"衣裳"，但是在古代，衣是衣，裳是裳。

马王堆汉墓出土的辛追深衣

甲骨文的"衣"字，上面的部分表示领口，两旁是袖筒，底下是两襟左右相覆的样子，"衣"的本义就是上衣。

"裳"字由"尚"和"衣"组成，"尚"是声旁也是形旁，有摊开、展开、流行的意思。"尚"与"衣"合起来就表示人们常穿的、展开的下衣，也就是裙。古人的衣裳，"衣"是上衣，"裳"是下衣。

想要理解古人的衣服，交领右衽是你必须要知道的

衽（rèn）就是衣襟。交领指衣服前襟左右相交。交领右衽，就是衣襟向右掩（左前襟掩向右腋系带，覆盖右襟），称为右衽；而古代一些少数民族服装是向左掩，就称为左衽。右衽是汉服系列服装中最基本、最核心、最典型的特征。

说到右衽、左衽，孔子有一段话表达得很形象。

子贡问孔子说："管仲不能算是仁人吧？管仲辅佐公子纠，齐桓公（公子小白）杀了公子纠，管仲不能同死不说，还做了'仇人'齐桓公的宰相。"

孔子的回答是："管仲辅佐桓公称霸诸侯，匡正了天下，老百姓到了今天还享受到他的好处。如果没有管仲，恐怕我们都要披散着头发，像蛮夷那样穿衣时的衣襟向左开了（微管仲，吾其披发左衽矣）！"

其实，汉族和少数民族的不同体现在很多方面，但是孔子不说别的，只以发式与衣冠说明，可见"右衽、左衽"这种服饰上的细节在身份表达上的重要作用。日本至今仍然把穿和服穿成"左衽"视为禁忌，认为那是阴间的穿法。这可真是细节决定族类、衽能决定生死啊！那么，"直裾"又是怎么回事呢？

裾，读 jū，是由"衣"和"居"组成的形声字，"居"是声旁。"裾"就是衣服的前后襟。

汉服衣襟的形式有曲裾、直裾两种。曲裾可以直观理解

孔子的高徒子贡向老师询问

为一种续衽绕襟的服装。"续衽"就是将衣襟接长。曲裾深衣后片衣襟接长，加长后的衣襟形成三角，经过背后再绕至前襟，然后腰部缚以大带，可遮住三角衽片的末梢。

马王堆汉墓出土的曲裾深衣

马王堆汉墓出土的直裾衣裳

直裾的下摆部分剪裁是垂直的，衣裾在身侧或侧后方，没有缝在衣上的系带，由布质或皮革制的腰带固定。

汉代的直裾服装是男女都可以穿的。素纱禅衣的直裾表明这种款式早在汉初就已经出现了。虽然是出现了，但还不能作为正式的礼服。原因是古代裤子都没有裤裆，只有两条裤腿套到膝部，用带子系在腰间。这种无裆的裤子穿在里面，如果不用外衣掩住，裤子就会外露，这在当时被认为是很不恭敬的事，所以外面常常要穿着曲裾深衣。直到东汉以后，随着服饰的日益完备，裤子的形式也得到改进，出现有裆的裤子（称为"裈"）。内衣得到改良，直裾才逐渐普及，并替代了曲裾。既然汉初直裾不算正式礼服的样式，那为什么丞相夫人辛追要用它正式陪葬呢？那是因为素纱禅衣有着独特的穿法。

素纱禅衣这么薄，是不能起到御寒或蔽体作用的，贵为丞相夫人的辛追想把外衣的纹饰不那么直白地露出来，因此在色彩艳丽的锦袍外面罩上一层轻薄透明的禅衣，使锦衣纹饰若隐若现，朦朦胧胧，不仅增强了衣饰的层次感，更衬托出锦衣的华美与尊贵，实在是太时尚了吧！

素纱襌衣的暴露，求的是服饰的层次，为的是尊贵。而当下有的人为了出位，就在服装的暴露上下功夫，恨不得满身只缠几根线到大众面前博眼球。如果是靠这博到了眼球，估计以后穿再多的衣服都不能把曾经脱掉的穿回来，因为这暴露的不是肉，而是自己的底线。

看看，同样的薄透露，在不同人身上，可以尊贵到天上去，也可以低下到尘埃里。

介绍了衣服款式，我们再来说说素纱襌衣的面料：素纱。

素，上面的部分是从"生"变来的，下面的糸（mì）表示丝，素的本义就是"本色的生帛"。引申为本色、白色、质朴。

"纱"字是由"纟"（绞丝旁）和"少"组成的，"少"表示读音，"纟"表示纱是纺织品，纱是丝线织成的，织得比较稀疏或有小孔，比如纱巾、纱布、纱帽等。

纱很早就出现了，它是由单经单纬丝交织而成的一种方孔平纹织物，经线的密度一般是每厘米 58-64 根，纬线的密度每厘米约为 40-50 根。一厘米也就手指甲那么长，要容纳这么多纱线，就这都算密度稀疏了……

纱衣材质

上乘的纱料，蚕丝纤度匀细。素纱襌衣每平方米纱料仅重 15.4 克，并非因为织得孔眼大、空隙多，而是纱料的丝实在是太细了。细到什么程度？丝织学上对织物的蚕丝纤度有一个专用计量单位，叫"旦"，每九千米长的单丝重多少克，就是多少旦。旦数越小，表明丝越细。素纱襌衣的蚕丝纤度只有 10.2-11.3 旦，而现在生产的最高级丝织物也得有 14 旦，足见汉代缫（sāo）丝技术的发达霸气。

43

重量仅为 49 克的素纱襌衣，除去较厚重的衣领、衣袖、衣襟缘边的绢，纱衣主体的重量只有 20 多克，折叠后甚至可以放入火柴盒中。真正是薄如蝉翼、轻若烟雾，它代表了西汉初养蚕、缫丝、织造工艺的最高水平。那么，这样的针织技术是怎样做到的呢?

"素纱襌衣"代表了西汉初期中国纺织技术的高超水准，也是古代服饰中常见的款式，这种款式并非贵族特有。事实是，即使是贵族，汉初服饰在面料上也没有很豪奢。

汉高祖初期，找不到 4 匹纯色的马来拉车，将相也只能坐牛车，刘邦本人对服装在政治、精神上的表达作用，一开始也不重视，还曾经将儒生的高冠用来当尿盆……后来经过叔孙通的说服，才叫叔孙通去制定礼仪，采用秦朝的黑衣大冠为祭服。对于一般的服装，除了刘邦自己当亭长时自创的"刘氏冠"不许一般人戴之外，其他的并没有什么特别强调的禁忌。

汉高祖刘邦的"刘氏冠"

经过二三十年左右的经济恢复，到汉文帝时，国家经济状况已得到明显改善，但汉文帝也只穿弋绨（yì tí，黑色粗厚的丝织物），王后的裙裾也长不及地，一切为了节俭。这才出现了"文景之治"的空前盛世。

也正是由于经济得以改善并发展，服饰文化也逐渐由俭转奢。当时纺织品产量不断增长，丝绸出口又换来琥珀玳瑁这些高贵的装饰品，刺激着服饰水准的提高。京师贵戚的穿着打扮，都逐渐超过了王制。比如锦、绣、绮、縠（hú，有皱纹的纱）、冰纨（wán，洁白的细绢）等，本来属于后妃们专用，此时，富商大贾也都穿以为常，在他们家会宾客的时候，还拿这些高贵的丝织品裱被墙壁，甚至贵族之家的侍女也能穿绣衣丝履……

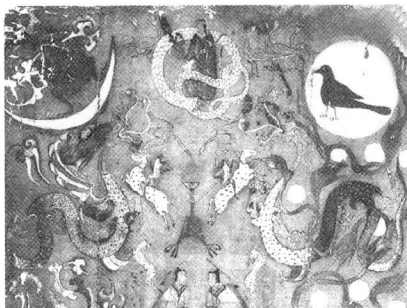

马王堆汉墓出土的女娲帛画

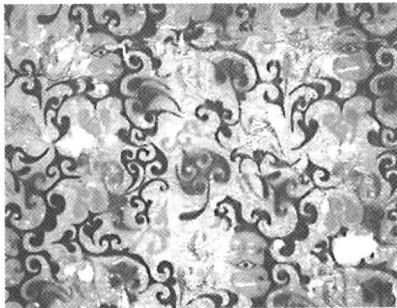

马王堆汉墓出土的黄绮地乘云绣

这在儒家看来，是一种尊卑混乱的现象。所以儒家学者贾谊就给汉文帝上书，建议按照儒学传统思想建立服饰制度，但并没有实质的效果。直到东汉明帝永平二年（公元 59 年），才制定了官服制度。这一年正月祭祀汉光武帝时，汉明帝和公卿诸侯首次穿着冕冠衣裳举行祭礼，这也是儒家学说衣冠制度在中国得以全面贯彻执行的开端。

可以说，素纱襌衣，浓缩了一个时代，也承前启后了一个时代。

现在是开放社会，流行服饰层出不穷，很多人以穿着大胆来体现自己有个性、思想开放。

我们就说说什么是开放？

"开放"不是你穿得多出位，而是你的眼界、心智能打开多少，你的思想能解放多少。

开放 = 知识 + 能力 + 修养。

龙应台形容"国际化"有这么一席话："它（国际化）是一种知己知彼。知己，所以要决定什么是自己安身立命、生死不渝的价值。知彼，所以有能力用别人听得懂的语言、看得懂的文字、讲得通的逻辑词汇，去呈现自己的语言、自己的观点、自己的典章礼乐。它不是把我变得跟别人一样，而是用别人能理解的方式告诉别人我的不一样。"

所以说，"开放"是一个相当具有学习精神的词汇。很多人终其一生也做不到。

若是简简单单穿几件奇装异服就"开放"了，那我们改革开放四十年，那么多有识有志之士为什么还要前赴后继呕心沥血？

怎么穿，是你的自由，体现的是你的品位、礼数和涵养，而不是你的开放。

知礼贴士

社交场合怎么穿？

古今中外，着装从来都体现着一种社会文化，体现着一个人的文化修养和审美情趣，是一个人的身份、气质、内在素质的无言的介绍信。从某种意义上说，服饰是一门艺术，服饰所能传达的情感与意蕴甚至不是用语言所能替代的。在不同场合，穿着得体、适度的人，会给人留下良好的印象。我国已故的周恩来总理在着装方面就为后人树立了一个得体潇洒的典范。不论在任何条件下，他都把衣着的整洁合体、姿态端庄和自身形象以及所处场合相协调，光明磊落、彬彬有礼、不卑不亢又亲切诚恳，完美地代表了国家形象，也彰显了个人魅力。

在社交场合，得体的服饰是一种礼貌，一定程度上直接影响着人际关系的和谐。简单说来，就是 TPO（Time place object 三个词首字母的缩写）。T 代表时间、时令、时代；P 代表地点、场合、职位；O 代表目的、对象。着装的 TPO 原则是世界通行的着装基本原则。它要求人们的服饰要符合时令；要与所处场合环境，与不同国家、区域、民族的不同习俗相吻合；要符合着装人的身份；要根据不同的交往目的、交往对象选择服饰……

服饰是一种文化，是人类的一种内在美和外在美的统一。要想塑造一个真正美的自我，首先就要掌握服饰的礼仪规范，让和谐、得体的穿着来展示自己的才华和修养，获得从内到外的得体和愉悦。

头上的衣

"今天，面对国旗，我庄严宣誓 / 我已长大成人 / 永远做祖国忠诚的儿女 / 我宣誓 / 从今天开始，我以诚心对他人 / 以孝心对父母 / 以热心对社会 / 以忠心对国家 / 我宣誓……"

以上是某校举办的成人礼誓词。

近年来，中华传统文化复兴带动了国人对传统礼仪的研习，很多学校和社会组织把古代男子的冠礼和女子的笄礼融合到一起，组合成现代"成人礼"，组织学生参加成人礼大典，并邀请家长、社会各界人士参加。如果是高中组织的成人礼，一般是在高考前，旨在激励学生高考冲刺；如果是高校组织的，一般是有企业或媒体赞助，旨在产生社会价值。记者就报道过某高校举办成人礼时，赞助企业甚至当场发给学生每人一套印有企业标记的"成人手册"和安全套……

照搬本没有错，问题是，搬到魂儿了吗？

中国的"成人礼"到底是怎么回事，组织者和参与者真懂了吗？

无论是冠礼还是笄礼，都是从"头"开始的。我们就从"头"说起。

头衣是什么？衣服不是穿在身上的吗？穿在头上那成什么了？那不就是帽子吗？还真不能用帽子来概括。别说上古没有"帽"字，就是到了秦汉，头衣也没有定名为"帽"。而且，头衣的内容比帽子多多了。

在小篆中，"头"（頭）由"豆"和"页"（xié）组成。"页"像是突出头部的人形，指的就是人的头部。后来，"页"做了部首，因此增加声符"豆"（中国古代的高脚盛器，上部呈圆鼓状）

创造出"頭"字，来表示圆圆的脑袋。

"元"字可以分解成"一"和"兀"，"兀"像人形，上面的一横指明头的部位。"元"的本义就是"人"的头部，也就是头。所以一个国家的最高领导人被称为"元首"，也就是国家的头儿，汉语元首就是根据拉丁文翻译的。

头衣和元服都是统称，细分起来，古代贵族男子的头衣也没几款，主要就是冠、冕、弁（biàn）。那么，冠是怎么回事呢？

"冠"是由"冖"（mì，表示覆盖）"元"（表示人的头部）和"寸"（表示手）组成的会意字，意思就是：手拿布帛之类的制品加在人的头上，是用来卷束头发的饰物，也是冕啊、弁啊这一类头衣的统称。"寸"也表示尺寸、法度，表示戴帽子是有着相应尊卑等级制度的。

"冠"有两个音，当它读 guàn 的时候，表示戴帽子的动作，比如冠礼；当它读 guān 的时候，它就指古代贵族戴的普通帽子，也指帽子的总称，还能表示突起像帽子的东西，比如鸡冠。"冠"，其实就是贵族的一般头衣。那么，"冠"又是怎么戴上的呢？

古代男子束发

戴冠前先要把头发束在一起，在头顶上盘成髻（jì），用纚（lí）包住。纚就是束发的黑色布帛，后来成为冠的代称，古代称丝织的冠为纚，冠上涂生漆就是漆纚冠，传说这就是乌纱帽的前身。

包好了头发，再把冠从前到后覆在头上，然后用笄（jī，簪子）左右横

字知系列丛书

穿过冠圈和发髻。冠圈两边各有丝绳，称作冠缨（yīng），把冠缨引到颔（hé，下巴）下面打结，就可以了。有的也用一根丝绳兜住颔下，两头系在冠圈上（称作纮 hóng），到这就算戴好冠啦！

起初，发冠只是为了生活方便，用来包裹发髻的，兼顾一下美观，对发冠的样式并没有什么具体的规定。冠服制度是商朝前后出现的，到了汉代，衣冠制度又被重新制定，通过冠帽就可以分出一个人的官职、身份和等级，或通过不同的冠帽来表达不同场合的礼节和仪式。

也就是说，冠成熟以后，它的主要功能不是实用，而是礼仪。古人是把加冠看成是一种礼的。古代男子二十岁被称为"弱冠"。为什么叫弱冠呢？男子没有加冠前，头发是自然下垂的，称作"垂髫"。等到了二十岁就要举行成年的加冠礼了，

古代男子"弱冠"为二十岁

但身体还没有发育得十分强壮，所以就称为弱冠。

但也不是谁到了二十都能加冠，除了小孩，庶人（平民百姓）、夷人（少数民族）、罪犯，都是不加冠的。只有有身份的人才能戴冠，平民只将发髻包在布巾中。所以士大夫称为"衣冠"，而平民则称为"布衣"。

古人非常重视冠礼。《礼记》上甚至说："冠者，礼之始也。"意思是说冠礼是一切礼仪的开始，而举行冠礼仪式也是非常讲究的。

行加冠礼，首先要挑选吉日，选定加冠的来宾，并准备祭祀天地、祖先的供品，然后由父兄引领进太庙，祭告天地和祖先，并由父亲或兄长在宗庙里主持冠礼。《周礼·士冠礼》规定：加冠需三次。冠礼进行时，由

49

来宾依次加冠三次，也就是依次戴上三顶帽子：首先加用黑麻布材质做的缁布冠，表示从此有参政的资格，能担负起社会责任；接着再加用白鹿皮做的皮弁，就是军帽，表示从此要服兵役以保卫社稷疆土；最后加上红中带黑的素冠，是古代通行的礼帽，表示从此可以参加祭祀大典。

黑麻布做的缁布冠　　　　　白鹿皮做的皮弁　　　　　红中带黑的素冠

三次加冠完成后，主人必须设酒宴招待宾赞等人（"赞"是"宾"的助手），叫"礼宾"。礼宾后，受冠者要入内拜见母亲（拜母授哺），一来是感谢母亲的养育之恩，二是表示脱离母亲，正式成为一个独立的男子，随后取"字"，代表今后自己在社会上有其尊严。古人认为成年后，只有长辈才可称其"名"，一般人或平辈只可称其"字"，因此

成人加冠礼

要取"字"便于别人称呼。谁来为受冠的人取这个"字"没有特定，一般是加冠礼的来宾、父母长辈、师长、名人、大官、文人雅士等等，甚至自己也可以给自己取字。而且字是可以改的，比如关羽以前字长生，后来改

为云长，但是很少听说改名的，除非逼不得已，因为名绝对是父母长辈取的。

所以我们就清楚了，名字，名和字是不一样的。字只有在冠礼以后才有，冠礼只有贵族才有。比如三国的刘备，姓刘、名备、字玄德，他说他是西汉中山靖王刘胜的后代，也算是贵族，所以他是有字的；而汉高祖刘邦是平民出身，他二十岁的时候还没有华丽晋身到贵族阶层呢，应该是没行过冠礼的，因此刘邦只有姓名，这个"邦"还是他后来成名以后改的。刘邦原本姓刘名季，季就是老四的意思（古代兄弟排行从老大到老四为伯仲叔季）。刘季这个名字表达的意思就是：刘老四（也有说刘老三）。

说白了，古人的名，主要用于自称；古人的字，主要用于他称。当然，也要看对话双方的相互地位。彼此地位相当的，尊称别人用字不用名，谦称自己用名不用字；而长辈对晚辈、老师对学生、上级对下级，也可以称名而不称字，这样显得更亲切。如果说起名是为了分彼此，那么取字就是为了明尊卑。这是名和字功能的基本区别。

好，咱们再继续看行冠礼。

受冠者取定了字，要依次拜见兄弟，拜见赞者，并入室拜见姑姑姐姐（这两类女眷都比自己年长，还和自己一个姓）。之后，受冠者脱下最后一次加冠时所戴的帽子和衣服，穿上玄色（黑中带红）的礼帽礼服，带着礼品，去拜见国君、卿大夫（在乡有官位者）和乡先生（退休乡居的官员）。

冠礼的仪式，几乎贯穿了中国整个封建王朝，直到清末民初，由于西风东渐，冠礼才逐渐没落。近年来，这种成人大典又开始回暖了。整个加冠的过程毕竟体现了少年到成人的社会身份变化，会让受冠者通过这样的仪式，强化自己的社会责任感和独立人格，毕竟成年了，就要有担当。

但是现在的很多组织方把冠礼流于形式，甚至变成商业手段，这就扭曲了冠礼的本意。传统是传承，而不是简单对形式的复制。古代礼服也不是文明的"救生衣"；大规模的集体宣誓，也不是冠礼和成人礼的初衷。

古代的冠礼不会这么信誓旦旦，却会让受礼者信守一生。礼仪如果流于形式，内容也不会让人铭记。"冠礼"的真正价值在于这一形式背后的伦理和内涵，只有把握了这种意义才能知道如何更有效地将传统礼仪发扬光大。

冠礼最重要的内容就是"冠"。

古人把冠看得极重，该冠而不冠就是失礼。

春秋时候，齐景公没戴冠，披着头发就出宫门了，被守门人看见了，就击打景公的马，对景公说："（连冠都没有）你不是我的国君啊！"景公听了，惭愧得都不肯上朝了。景公还为这事差点儿都得了抑郁症，但是若是跟子路比，他只能算小巫见大巫。

子路也叫仲由，他是孔子的重要门生，曾是卫国大夫孔悝（lǐ）的邑宰（县令），孔悝参与推翻卫国国君的政变，子路也卷进去了，在激烈的战斗中，子路冠下的缨穗被前来围剿的士兵砍断了。冠缨都被砍断了，这离脑袋得有多近！正常人的反应是不是得赶紧撒腿就跑？然而，子路可不是正常人，他又是怎么做的呢？子路做了一个一点儿也不艰难的决定："君子死而冠不免。"翻译过来就是：头可断，血可流，帽子不能丢！然后子路就把武器放下了，腾出手来，

子路头冠的缨穗被士兵砍断

从容地结缨正冠。不知道他有没有整理完，反正他的命是交代在这儿了。子路为儒家思想和学士的尊严而死，冠——就是这种信仰的精神寄托。

头衣，就是冠、帽、巾之类的，庶人虽不戴冠，也要在发髻上覆盖头巾。周代甚至有专门掌管头衣的官员，称为弁师。古代的头衣其实没什么御寒避

暑的实用功能，它最重要的功能就是礼法礼仪。冠帽是身份、地位、尊卑、角色的象征，每一个细节都大有说道，戴不好还会引来杀身之祸。

现在，潮流更迭目不暇接，但翻开任何人的衣橱，大概都能找出几顶帽子。帽子这种现在看起来无关紧要的服饰单品，曾经作为不可或缺的服饰符号存在过。20世纪最伟大时装设计师之一的Coco Chanel就曾说过"帽子是人类文明开始的标志"。帽子在历史中扮演的角色绝不只是审美，它更关乎尊严、地位、礼教。

知礼贴士

国际上的戴帽礼仪

和中国古代帽子的象征意义如出一辙，西方世界里，帽子也和身份礼仪有着密不可分的联系。这其中，英国可以说是现代帽子礼仪的缔造者。

被称为"文雅社会"的维多利亚时代，除了身份象征之外，帽子甚至和荣辱挂上了钩。女人们出门如果不戴帽子，就会认为不检点，是一种十分严重的失仪表现。即使是现代，遇到重大场合与活动，英国女性还是需要遵从佩戴帽子的礼仪。远的不说，你看看英国威廉王子与凯特王妃的世纪婚礼，在众多媒体报道的图片中，是找不出任何一位不戴帽子就出席婚礼的女性来宾的。

有一些特定场所和气氛，是需要男性脱帽的：比如进入教堂、剧院、宴会场所、住宅室内、电影院内、唱国歌、升降旗、葬仪行列等，男士都需脱帽，代表致敬意。但女士可以不脱帽。

在社会生活中，被介绍给他人或与人道别时、与朋友打招呼时，或与女士、长辈、上级谈话时，男士也要脱帽。

对女士来说，穿晚礼服时是不戴帽子的，连新娘也不例外。因为，最能配合晚礼服的，应该是在灯光下闪亮的头饰，而不是帽子。

衣服穿脚上

一位民工内急，到附近的大厦解手。这本来是特别普通的一件事。

不普通的是，这位农民工在进卫生间之前，把鞋脱了。

这位姓易的农民大叔是这么说的："公家的地太干净，俺的鞋子太脏，还是脱掉鞋子，赤脚进公家的厕所好了。不能太给公家添麻烦，公家让我进来免费上厕所，已是十分感激了。"

于是网友拍下了这样一张照片：一双很脏很旧的解放鞋被整齐地放在某单位门口。

这真实的镜头，感动了万千网友。

人有三急，但易师傅不管多急，还是脱下鞋，赤脚进了公家厕所，这

一双令人感动的鞋

个举动透露出来的是对公共设施的尊重，这双又脏又旧的解放鞋，折射的是农民工易师傅的高贵人格。

再想想我们身边的很多潮男潮女，为了买一双时尚的鞋，不惜花光父母辛苦攒下的血汗钱，这样的鞋穿在脚上再光鲜，也比不上易师傅的一双破旧的解放鞋更高贵有尊严。

旧鞋也可以让你很尊贵，好鞋也可以让你很狼狈。

在古代，鞋也是一个人外在身份和内在精神的反映。

古代把穿在脚上的，叫做足衣。

字知系列丛书

足衣中的内衣，其实就是袜子；足衣中的外衣，也就是鞋。我们先看看这个核心字——"足"字。

在甲骨文中，"足"像是人由臀部至脚底的整个肢体，引申指人的脚。

秦汉以前，"足"和"趾"都表示"脚"的含义，但"脚"不是脚，是指小腿。魏晋以后，"足"、"趾"、"脚"这三个字都可以用来表示脚了，但在书面语中还是经常用"足"表示，比如：捶胸顿足、手舞足蹈、三足鼎立……

在身体的位置上，脚的位置在最下面，所以"足"也表示地位低下。例如"足上首下"，就是脚在上，头在下，比喻长幼尊卑颠倒。

既然"足"的位置那么靠下，那"足下"为什么又成了尊称了呢？

这得从才女蔡文姬的老爸说起。蔡文姬的老爸叫蔡邕（yōng），是东汉时期的大文学家、大书法家。他写了一部记载先秦两汉礼制的杂著类札记，叫《独断》。

《独断》里有一段说："群臣与天子言，不敢指斥，故呼在陛下者而告之，因卑达尊之意也，上书亦如之，及群臣庶士相与言殿下、阁下、足下、侍者、执事之属，皆此类也。"这话该怎么解释呢？知道了"陛下"的原理，你就能知道"足下"的原理了。

蔡邕撰写礼制《独断》

"陛"由"阜""比"和"土"组成，"阜"的字形来自出入地穴的脚窝，具有类似于梯子、台阶的功能，"比"有挨着的意思，"陛"指的就是一个挨着一个，且有高度差的台阶，后来又特指帝王皇宫的台阶。

古时帝王的卫士就在陛下两侧进行戒备。当帝王与臣子谈话时，臣子不能直呼天子，必须先呼台阶下的侍者，让侍者再告之天子。台阶下的臣属向你传话，表示卑者向尊者进言。"陛下"就这样变成臣子对帝王的尊称。

同样的原理，殿下，就是说话人通过殿下的侍者把话转达给皇家的太子、亲王；阁下，就是亲朋同辈间相互见面不方便直呼其名，常常先呼他们阁下的侍从转告；足下，就是通过身边的

帝王陛下召见臣子，有侍卫保护

侍者传话，或者直接表示"我的地位在你的脚下"。

在别人的脚下面，可见说话人的地位远远不及听话人。说话者通过贬低自己达到尊称别人的目的，"足下"就变成对对方的敬称。战国以后，不仅是臣下对君主，下级对上级，同辈之间也可以用"足下"来称呼对方，表示敬意。

说完足下的敬，我们再说说足上的衣。

足衣，也就是鞋。古代的鞋有屦（jù）、履、舄（xì）、屐（jī）、鞮（dī）等名称，我们就说说里面的门道。先秦时，鞋称为屦（jù）。

"屦"是形声字，由"履"（表示鞋子）的省形和"娄"（代

字知系列丛书

指中空）组成，"娄"也是声旁。屦就是用麻、葛等制成的单底鞋。周朝时候掌管王和王后衣服鞋屦的官就叫屦人。

有个成语叫"屦贱踊贵"，就和足衣有关。

从前，周朝的各个诸侯国总是打来打去的，搞得国内国外一团乱。诸侯国君为了降低犯罪率，就制定了严格的刑罚，动不动就砍头或者剁手剁脚（受刖刑）。仅仅在齐国，由于犯罪而被砍脚的人太多，竟然使鞋子没有市场，都跌价了，而专门为没脚的残疾人特制的鞋，却卖得很好。这种特制的鞋就叫做"踊"。

无脚人鞋子卖得好

"踊"是形声字，由"足"（表示从臀部至脚底的整个肢体）和"甬"（代指穿通）组成，"甬"也是声旁，表示从脚向上贯穿下肢的动作，即从下往上跳。

踊跃，就是跳跃欢呼。此处的"踊"指特制的鞋，穿上"踊"的人走起路来也只能一跳一跃，看起来很"踊跃"，实际很悲惨。

而鞋子在古代常用的统称——履，在战国以前一般只作动词用，意思是穿上鞋子，那时一般用"屦"称鞋子，穿鞋，就是履屦，用履表示鞋是唐以后的事了。

在小篆中，"履"由"尸"（代指人）"彳"（chì，代指行走）"舟"（代指船形）和"夂"（表示脚）组成，表示穿着形状像船的鞋行走，引申后又指鞋。

有个成语叫"履舄（xì）交错"。这又是什么意思呢？

57

这得先知道"舄"是怎么回事。履是单底鞋，而舄，则是在履下再加一层木底，也就是复底鞋。舄在一段时间内是很尊贵的鞋，大多是帝王大臣穿的。

西汉青丝织履　　　　　　　　　东晋织成履

履舄交错，也称"履舄往来"。由于席地而坐的时候要脱鞋入室，使得各种鞋杂乱地放在一起，籍此形容人来人往，宾客很多。不知道大家注意到没有，履舄交错，体现了一个脱鞋的细节。因为古人席地而坐的习惯延续了很久，所以在隋唐以前，大臣上殿，普通人登堂入席，都是要脱鞋的，否则就是对主人不敬。《吕氏春秋》就记载了一段不脱鞋的事……

战国时，齐湣王得了忧郁症，请宋国名医文挚（zhì）来诊治。文挚一看，说这病好治也不好治。怎么说呢？好治是因为只要激怒齐王，这病就能好。不好治也是因为这个，激怒了大王，他也得不了好。太子再三恳求，文挚只好答应了。

齐湣王看病，文挚故意不脱鞋登堂。

于是他先是两次失约，第三次又是要失约的节奏，齐王见文挚屡屡失约心里已经很不爽了，脸

字知系列丛书

露不悦之色。没想到文挚突然来了，而且不脱鞋就登堂，还用言辞激怒齐王，齐王气蒙了，大吼一声，坐了起来。结果，这一怒治好了齐王的病。文挚却因为失礼被齐王烹了。看看，在古代，不脱鞋就进屋，是要冒生命危险的。

《孔雀东南飞》里还有这么一句："新妇识马声，蹑履相逢迎。"焦仲卿听说前妻刘兰芝又要嫁人了，连忙请假回来，到兰芝家还有二三里的地方，人伤心，马也哀鸣。兰芝熟悉焦仲卿府吏的马叫声，拖着鞋子就匆忙出去迎接他。

这里的"蹑履"，就是来不及穿鞋，拖着鞋子匆忙出迎。因为古人席地而坐要脱鞋，为了方便，古人在屋里都是赤脚的，遇到紧急情况，只好把鞋后跟压倒，拖着鞋走，这样显得对客人更尊重。

古时候的草鞋叫做屣（xǐ），或者蹝（xǐ）。因为脱掉草鞋是很方便的，草鞋又是贱物，所以古人常用脱屣、弃屣表示事情很容易，或者把什么东西看得很轻。难怪汉武帝会说："要是我能像黄帝一样得道，让我抛妻弃子都行！有什么呀？不就和脱草鞋一样嘛！"（诚得如黄帝，吾视去妻子如脱屣耳）任凭谁闻听此言，都会无语了……现在日本人民生活中仍保存的木屐，就有我们古代木屐的影子。

"屐"由"履"（表示鞋子）的省形和"支"（表示支撑）组成，本义是木屐，一种笨重的木底鞋。

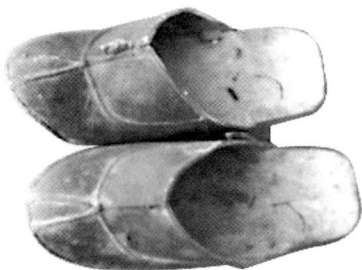

尧舜禹时的木屐　　　　　　　　　晋文公有齿木屐

晚唐时期木屐　　　　　　　　南朝诗人谢灵运发明活齿屐——谢公屐

木屐在中国，是古老而又普遍的一种足衣。尧舜禹以后就有了。晋朝时，木屐有男方女圆的区别。汉代汉女出嫁的时候会穿上彩色系带的木屐；南朝梁的贵族也常穿高齿屐；贵族为了节俭也会穿木屐。

东晋南北朝到隋唐，木屐这种拖拉随意的鞋简直就是为这一时期名士们的叛逆、追求自然量身定做的，因此这一段时期也是木屐在中国的黄金时代。士大夫不但喜欢穿，还亲手做。南朝诗人谢灵运还发明了一种活齿屐，人称"谢公屐"，这种木屐上山去掉前齿，下山去掉后齿，设计理念简约灵活，要多精巧有多精巧！后来李白都要给他捧场："脚著谢公屐，身登青云梯。"

此外，皮革做的鞮（dī）、高力士为醉鬼李白脱的靴……都是古代各种形制的鞋。加上足衣的内衣袜子，罗袜布袜熟皮袜……足衣作为人们必不可少的日常服饰，和人们的生活紧密相连。

足衣，与服饰搭配，和礼制随行，牢牢包裹、寸步不离。丰富多彩的足衣，展现着中华民族的智慧、工艺、灵感和非凡的创造力，渗透在中国人的情感、习俗、道德、审美、社会制度中，成为一个民族生动的记忆。

足下有敬，足上有礼。

鞋子好不好，只有脚知道；鞋子能穿成什么调调，还要看你自己。

足上如何风光

鞋袜被人称为"足上风光"，中国有句俗语就叫"鞋袜半身衣。"可见脚上鞋袜是否得体，也是社交礼仪的重量级标准。

在正式场合下，该如何穿着鞋袜，才能不失礼，还足下生辉呢？知礼君给你支招。

在正式场合，要穿和服装相配的正装鞋，对鞋的质地是有要求的，一般以黑色的牛皮鞋为最好。正式场合千万不要穿凉鞋、后跟用带系住的女鞋或露脚趾的鞋，也不要穿红色、粉红色、玫瑰红色和黄色的鞋，会给人留下轻浮的印象；而如果你穿着套装，却搭配一双布鞋，也会很不协调。

在和套裙搭配穿着时，鞋子在款式上也有一定规矩。鞋子应该是高跟、半高跟的船式皮鞋或盖式皮鞋。而系带式皮鞋、丁字式皮鞋、皮靴、皮凉鞋等，在正式场合中是不适合的。

选好了鞋子，袜子同样不能忽视。有些女士比较偏爱中筒袜、低筒袜，因为穿起来比较方便简单，其实在礼仪中这种袜子是不适合和套裙同时穿着的，而长筒袜配长裙、旗袍则最为得体。穿丝袜时也同样需要注意不可"露空"，即不能穿短得使腿分为两部分的袜子，不论是裙是裤，下摆、裤角都要盖过袜头，不应该使袜头露出裙摆，否则就是失礼了。

最不缺德的石头

　　一个民工打扮、自称是在工地打工的人，在街头卖一块沾满泥的玉器，说是挖地基的时候发现的。很多人都在围观，其中一个围观者 A 表示相中了，但没带太多钱，于是就让那民工等着他回家把钱取来……A 走后，假扮成围观者的同伙 B、C、D 就对卖主说："你真傻啊！ 2000 卖给他？这可是真玉……"

　　于是，想花小钱买真玉的围观者 E 上当了，当场买走。回家才发现是大理石磨的，价值也就值 20 元。

　　因为玉石有意蕴、有收藏价值，很多人都会关注它，但真正懂玉的人却很少。于是围绕玉展开的骗局层出不穷：有凭商场购物小票抽奖的，给你张 100 元的代金券再让你抽个价值 5000 元的玉，让你用代金券再买一块玉（通常 500 元以上）才能把奖品拿走，其实这两块玉的价值不足百元；有特价旅游的，把你领到玉器店休息，一不小心你就花了好几千买个残次品，去投诉，又因为玉是真玉，虽然劣质，但价格是你情我愿，人家不算骗你……

　　忒缺德了。

　　而这些人用最缺德的欺骗手法卖最不缺德的石头，更缺德！

　　你怎么不说你施工挖出个金缕玉衣呢！一听就值钱！

　　实际上——金缕玉衣也确实很值钱！

　　这种衣服由头罩、上身、袖子、手套、裤筒和鞋六个部分组成，全部由玉片拼成，用金丝编缀。左右手各握着璜形玉器不说，颈下还有 48 颗玛瑙珠！腰部还有玉带钩。其中有一件出土的，全长 1.88 米，共用了 2498 片玉片！差不多 1100 克金丝！

这么说吧，制作一件中等型号的这种衣服，需要的费用相当于当时一百户小康人家的家产总和！想想那些严格拉丝钻孔抛光的金丝玉片……是真正的金为缕线、玉片为衣，所以称作"金缕玉衣"。

金缕玉衣是汉代规格最高的丧葬入殓服装，只有帝王将相才能穿戴，其他贵族的用银线、铜线编造，就称为"银缕玉衣"、"铜缕玉衣"。但不管什么线，都是玉衣。玉衣是穿戴者身份等级的象征。那么，为什么他们死后要穿着玉衣呢？

金缕玉衣

中国古人认为，玉是天地精气的结晶，能沟通人和神的心灵，人死后，将金玉放在人的九窍（人体九个内外相连的洞：两眼、两耳、两鼻孔、口、生殖器和肛门），人的精气不会外泄，穿着玉衣，人的尸骨就不会腐烂，可求得来世再生。

遗憾的是，后来的盗墓贼证明金缕玉衣并没有防腐功能，保不了尸骨完整。相反的是，这身金贵的衣服太招贼，许多汉王帝陵就因为这个总被盗，搅得活人死人都不得安宁。到了三国时期，曹丕终于下令禁止使用玉衣，从此墓地清净了许多。虽然玉衣退出了历史舞台，但玉可退不了，牢牢占据礼制和传统重要的一席之地。

"玉"的甲骨文，像一根丝绳串着几片宝石薄片，后来演变为类似于"王"的字形，为了与"王"字相区别，又增加了一个

一字知礼

点儿。"玉"变成偏旁就是王字旁，许多带"王"字旁或带"玉"的字都和珍宝美玉有关，比如：玲珑、碧玺（xǐ）、珍珠、琳琅……

玉壶　　　　　　　玉镯　　　　　　　玉坠

玉器　　　　　玉雕寿桃　　　　　玉碗

带"玉"的词也都是好词、敬辞：尊称人的容颜用玉面；身材修长用玉立；对文字的美称是玉文；对书信的敬称是玉札；美食是玉膳；美酒是玉液；就连尊称他人的言语都用玉声……

《说文解字》中是这样解释玉的：玉，石之美者。有五德：润泽以温，仁之方也；䚡理自外，可以知中，义之方也；其声舒扬，专以远闻，智之方也；不挠而折，勇之方也；锐廉而不忮（zhì），洁之方也。

翻译过来的意思大概是说：玉，就是美丽的石头。玉石的五种特征——温润、内外一致、敲击声音清脆、不容易损坏和断口平滑不伤人，其实是五种高贵的美德，分别是仁、义、智、勇、洁。这就是玉有五德。

也正因为玉有诸多德行，玉，也就成为中国古代最重要的男子佩饰，佩玉除了表示贵族身份外，还是君子各种美德的象征。

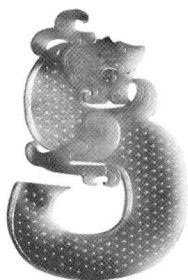  

S形龙佩，徐州狮 琼璧圭璋 璧琮圭璋
子山楚王墓出土

孔子就曾以玉说美德：玉的温厚润泽，好比仁；缜密坚实，好比智；有棱角而不伤人，好比义；玉佩垂而下坠，好比礼；轻轻一敲，玉声清脆悠扬，响到最后，又戛然而止，就好比乐；既不因其优点而掩盖缺点，也不因其缺点而掩盖优点，就好比忠；光彩晶莹，表里如一，就好比人的言而有信；宝玉上有气如白虹，就好像与天相通；产玉的山川草木津润丰美，就好像与地相连；圭璋作为朝聘时的礼物可以单独使用，不像其他礼物还需要加上别的什么东西才能算数，这是玉的美德在起作用。普天之下没有一个人不看重玉的美德，这就好像普天之下没有一个人不看重道那样。（《礼记》）

本来是自然物质的玉石，被古人赋予了丰富的内涵，儒家还把仁、义、礼、智、信、乐、忠、天、地、德、道这些内容和玉的物理特性相对应，于是出现了玉有五德、九德、十一德……总而言之，人们需要玉有多少内容，玉就就能有多少内容，可见"玉"非同凡响。这样一来，玉——确实是君子的标配。

公元550年，北朝东魏的丞相高洋逼迫孝静帝退位，自己当上了皇帝，建立了北齐。高洋心狠手辣，为了不留后患，先是杀了孝静帝和他的三个儿子，又把东魏的宗室近亲全部杀光，就连小孩也不放过。近亲完了是不

65

是该远亲了？东魏的远房宗族很害怕，担心下一个就该轮到他们自己，于是聚在一起商量对策。

有个叫元景安的县令出主意了："干脆咱们都跟高洋姓，改姓高吧！就别再姓元了。这样，咱们就不是先帝的宗亲了。"

可是县令的堂兄元景皓却断然拒绝，拍案而起："让我改姓？想都别想！大丈夫宁愿作为玉器被打碎，也不能作为瓦片而保全，我宁愿高贵地死去，也不愿屈辱地活着！"

这就是那句流传千古的铿锵有力的成语：宁为

元景皓拍案而起

玉碎，不为瓦全！元景皓坚决维护自己的人格尊严，最终因为不改姓而被杀。元景皓称得上是一位响当当的如玉君子！

在古代的服饰佩戴之中，有佩玉就该有佩绶。而绶则是用来悬挂玉佩的丝织带子。佩绶是等级尊卑的一种显著体现。

商周绶带的前面要挂三尺长、下面二尺上面一尺宽的韨（fú，蔽膝），春秋战国时为了方便而废去韨佩，改为系緌（nì，佩玉的丝带）。就是在佩玉的带纽上结彩组，和绶带相连。"组"就是官印上的绦带。平时官员在袍服外面要佩挂组绶，并随身携带官印。

在汉代，绶带的系结方式通常是打成一个大回环，然后下面系印章。印就装在腰间的鞶（pán，佩玉的皮带）囊中，系在绶带的一端，垂在外边；绶带的另一端垂在身后，所以叫印绶。

这印一般也就一寸多长（长寸二分），方六分，但是材质根据身份的不同是有区别的：帝王、诸侯、公、列侯用白玉；俸禄在四百石到二千石用黑犀；二百石以下到私学弟子都用象牙印信。

另外，绶带的织纹、色彩以及宽窄长短都跟官阶相对应。比如帝后的绶带都是黄赤绶。

佩绶——绶带

佩绶——清朝黄玉挂坠

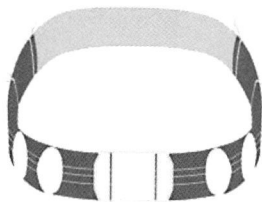

佩绶——有玉扣的大带

汉代的佩绶——凡带必有佩玉

诸侯王的是赤绶带，贵人、相国的是绿绶带，公、侯、将军用紫绶带，九卿、俸禄是二千石的蛹青绶……规定得十分细致。

为什么说君子行则鸣佩玉呢？因为从汉明帝开始，除了佩绶制度外，还增加了大佩制度。

曲璜

战国青玉镂雕双回首龙珩

南北朝时期玉朱雀纹珩

　　大佩，就是用各种玉制配件组成的成串饰物。各朝各代的组合方法都不太一样，一般来说，玉佩组合的上部是弯型的曲璜（huáng，半璧形的玉）或者是珩（héng，佩玉上面的横玉，形状像磬），用来连接小一点儿的璧玉；中间有方形的、上面刻着齿道的琚（jū，本地精美玉佩）瑀（yǔ，白石），下边有龙形的冲牙，并用五彩丝绳贯串，绳中间还有小珠点缀。

佩玉组佩

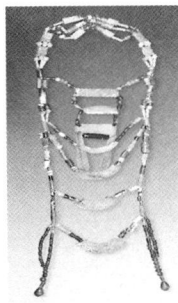

西周组佩，山西曲沃天马
一区村晋侯墓地出土

　　这种组佩在身上一动，就会互相碰撞发出声响，这种声音不但悦耳，还能用来提醒自己矫正步伐步态，起到端正举止的作用。大佩有很多讲究，经常是在祭祀、朝会这样的重要场合使用，日常家居还真不是随便佩带的。

　　佩绶是玉和绶在礼制中完美的组合应用。不论玉的材质形态、绶带的织纹色彩、佩带方式发生怎样的变化，但佩绶作为礼服的明尊卑作用一直保留到汉族的最后一个王朝。直到现在，玉还在中国乃至世界扮演着多重角色：玉之润可以消除浮躁，玉之色可以纾解烦闷，玉之纯可以净化心灵，玉之性还能延年益寿。所以说人能养玉，玉也能养人。

这么有礼有节有底气的玉，让喜欢它的人爱不释手。用它行骗，实在是辱没了它。我们也要擦亮眼，别因为贪小便宜吃大亏。

和真正的好玉一见钟情，是讲究缘分的。你宽厚，才会相中它的温润；你从容，才会发现它的淡定；你被利益蒙了心，当然看不出它被粉饰下的真实。

正所谓君子如玉，玉如君子。

知礼贴士

配饰有规矩

在现在的配饰王国中，玉仍占有举足轻重的地位。虽然现代的配饰比古代自由，但也是有礼节要遵循的。

比如最常见的戒指。一般讲究把戒指戴在左手上，而且最好仅戴一枚，最多两枚，只有新娘方可例外。戴两枚戒指时，可戴在一只手上两个相连的手指（拇指通常不戴戒指），也可以戴在两只手上对应的手指上。戴薄纱手套时戴戒指，应把戒指戴在手套内，同样也只有新娘不受这样的限制。

对于戒指戴在不同位置表达的含义，国际上比较流行的戴法是：食指——表示想结婚，目前未婚；中指——表示已经在恋爱中；无名指——表示已经订婚或结婚；小指——表示独身。

可别戴错戒指表错意哦！

项链呢，一般所戴的项链不应多于一条，但可将一条长项链折成数圈佩戴。男士戴的项链最好不要外露。

女士在社交场合，短项链是不合宜的，约60厘米长的长项链是适合的；而在隆重的社交场合，要佩戴特长项链，长度在70厘米以上。你看看新闻中国内外重大礼仪活动中的女性配饰就会发现，几乎没有谁会戴短项链。

衣有五服，人有九族

如今的互联网时代，世界一体，甚至阴阳也能一体。现在有很多网上祭祀平台，服务内容极其丰富：可以为用户提供在线讣告、网上灵堂、网上扫墓、在线家谱、哭墙、情感护理……各种个性化服务，使祭祀先人变得简单方便。移动互联也出现了"云墓碑"（云服务），扫描二维码就可以访问逝者的网上纪念馆，了解逝者生前的详细信息，还可以随时随地为逝者点烛、献花、献供、留言、写祭文……这样的祭祀方式，不受时间空间限制，而且还安全环保。

但更多的人还是倾向于传统的祭扫方式。毕竟祭扫本身是仪式感很强的一件事，强调切身参与，并要在特定的时间和空间进行。此外，祭扫也有亲友团聚，增强家族凝聚力的功能，这些生死之间、亲人之间的深层交流是网络祭扫难以实现的。

现在你在网上点根蜡烛就可以寄托哀思，在以前，就说身上的孝服，没个几年都脱不下来。有人可能觉得古人迂腐，实际上，这种庄重的形式真的会产生化学变化，不管你此前是不是真的在意逝者，当你认真贯彻了对逝者的纪念，你会理解更多，逝去的人也会在你心里活更久，让你越发深刻地意识到自己的根。

秦腔《武松杀嫂》里，有一段潘金莲的唱词，说"孝服脱去红妆换，还我女儿真容颜。"

潘金莲本来是《水浒》里的一个小角色，和卖炊饼的矮子武大郎是夫妻，和武松是叔嫂，和西门庆有地下情，为了能顺利改嫁，潘金莲和西门庆联手毒杀了武大郎。武松回来后，一怒之下，把所有涉案人都杀了。这才开启了武松上梁山的序幕。

而这潘金莲，在作者施耐庵的眼里，就是为武松上梁山铺路的没影女配，没想到居然比《水浒传》里的女主们还有影响力！扈三娘和孙二娘的戏份比她多很多了，但就是没她红！仅仅在电视剧里，演过潘金莲的明星就有一大串，各种角度各种演绎。但有意思的是，这些明星在演绎潘金莲的时候，都会下力气去演她在毒死武大郎后穿孝服的戏，把它作为凸显人物性格的重头戏。

潘金莲穿孝服祭奠丈夫——武大郎

这是为何？

一来她穿孝服太好看了，二来她穿孝服太出格了！

"孝服脱去红妆换，还我女儿真容颜……"她还真敢！

孝服是特殊的服装，是对死者的最大敬意。武大郎是潘金莲的丈夫，古代夫为妻纲，丈夫就是天，丈夫要是归天了，妻妾身上的孝服没三年是脱不下来的。

"服"是什么？一种说法认为，"服"是马车右边的骖马，以便马车可以向右周旋。"月"字旁原本是"舟"，表示驾驭；右面的部分像用手抓住某物，其中"又"表示手。"服"合起来就表示驾驭、制服马车。征服、制服、服从……就是从这层意思引申来的。

另有一种说法也是认为"月"字旁原本是"舟"旁，"服"字表达的就是人在驾船，引申为服务。

还有一种说法说"月"字旁是从枷锁变来的，右面像用手把人按下，使人跪下，组合在一起就表示抓捕罪犯、给罪犯上枷锁治罪。引申为强制施加、使人被迫接受、认同，如降服、服刑、服从、水土不服、服帖……

也许是从佩戴枷锁扩大到穿着服饰，也许是从驾驭车船引申为对衣服的运用驾驭……总之，"服"是变成衣服了！

"孝"由"老"（表示长发的长者）的省形和"子"（表示孩子）组成，表达了老人与子女的关系，那就是"子承老"，即子女侍奉父母长辈的意思。

百善孝为先，中华民族极为重视孝的观念。孔子是这样说"孝"的：孝是德行的根本，所有品行的教化都是由孝行派生出来的（夫孝，德之本也。教之所由生也）。以前圣明的君王甚至凭借孝道治理天下，大家都齐心协力地帮助这样的明君（一个执政的君子，就像民众的父母一样），天下为人子的都孝敬双亲。正因为这样，父母在世的时候，能够安乐宁静的生活；父母去世以后，灵魂能够安享祭奠。所以天下和平安乐，没

子女祭奠父母

有可怕的天灾，也没有暴乱之类的人祸。以孝道治理天下，就会出现这样的太平盛世。

人们对于孝的阐释和解读各有道理，众说纷纭。其实简单地说，古人

奉行的孝道重点就是——
生，事之以礼；死，葬之
以礼，祭之以礼。

我们叫丧事为"白
事"，因为办丧事的时
候穿的戴的用的，入目
皆一片白。

孝服也是白的，孝服
的样式、面料根据和死者
亲疏的不同，每一款都有
专有的名称。古代服装的

古代送葬队伍

变革层出不穷，许多制式现在早已难见踪影，但唯独孝服制式，沿袭至今，
并没有太大的改变。可见丧服制度的成熟以及古人对服丧的敬重遵从。孝
服的材质，核心就是两个字——"缟"和"素"。这两个字里没有"白"，
却都表示白色。它们是织物的最初状态，却用在人生的最终状态。

缟由"糸"（mì，代指丝线）和"高"（代指精细）组成，
表示未经染色的本色精细生坯织物，就是本色的缯（zēng，古
代对丝织品的总称，是单根生丝织物）。

"素"上面的部分是从"生"变来的，下面的糸（mì）表示丝，
"素"的本义就是本色的生帛。引申出本色、白色、质朴等意思。

同样是未染色的生坯织物，"素"是本色生帛，"缟"是本色生缯。
帛比缯的范围广：帛中单根生丝织物是"缯"，双根为"缣"（jiān），
更粗的生丝织成的为"绢"。因此，"缟"要比"素"的丝更细。"缟素"
表示白色，后来就用来表示白色的丧服了。为什么送走死去的亲朋要穿白
色？普遍的说法是认为色彩五行中，白色对应的方位是五方中的西方，而

西天是人死后去的极乐世界。

有学者认为，孝服为白色，也和我们刚说的"素"这个字的意义有关（素＝本色的生帛）。缟素编织经纬线的疏密程度，是在表达生者和死者的亲疏关系。

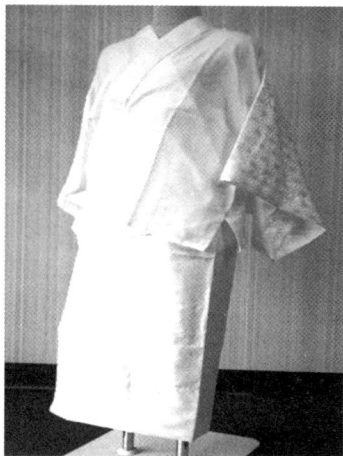

缟素孝服

郑成功有一首响当当的诗：

缟素临江誓灭胡，

雄师十万气吞吴。

试看天堑投鞭渡，

不信中原不姓朱！

这首七绝写于清军大举攻入福建、隆武帝殉难之后（1659 年），将士们都为隆武帝穿上白色的丧服，郑成功就率领这样一队悲壮的将士北伐清军，要恢复明朝一统江山（因为明朝皇帝都姓朱，姓朱就指恢复明王朝）。这架势着实震慑了一把清王朝。

将士们身穿白色素缟出征

其实郑成功和将士穿的缟素就是五服中的斩衰。君死，臣是要服最高级别的斩衰的。"五服"是古代丧服制度的核心，《三字经》里概括得很清楚："斩齐衰，大小功。至缌麻，五服终。"五服就是斩衰、齐衰、大功、小功、缌麻（sī，细的麻布）。它规定了丧葬仪式中不同关系应该穿的服装和穿的期限。

丧服的规制和吉服刚好相反，最粗劣的服装才是最高的级别。服丧越重，做工越粗；服丧越轻，做工越细。比如丧服中最重的斩衰，做工最为简单粗略。换句话说，最粗糙的丧服里，隐藏着最深沉的哀思。亲属上门吊唁时，孝子要跪叩呈上相应的丧服，绝对不能搞错。

"斩衰"就是衰和裳的边缘不缝边（衰是上衣，裳是下衣），像用刀斧砍的一样，所以叫"斩衰"，表示毫不修饰以尽哀痛，服期是三年。诸侯为天子服丧、臣为君服丧、男子和未嫁女为父服丧、长房长孙为祖父服丧、妻妾为夫服丧，都是要服斩衰的。女子服斩衰，还要用生麻束起头发，梳成丧髻。

齐衰因为缝边、边缘齐整，所以叫"齐衰"，服期分三年、一年、五月、三月不等。

斩衰

齐衰

大功、小功的"功"是一种布，叫做功布。"功"是对丧服使用布时略加人工的意思，其实就是麻布经草木灰椎洗过。大功服是用大功布制成（较粗的细麻布），服期是九个月。

大功

小功

缌麻

小功服是五个月的丧服，服饰的纹理比大功布更精细，间隙更小，就叫小功。

　　缌（sī）麻，是用更精细的麻布做成的丧服，是五服中最轻的一种，死者的远亲才会穿用，服期是三个月。

　　五服虽然繁复，其实还是有规律的：同父又同母的是一服，也就是同胞、一奶同胞；同父不同母的是二服，例如《红楼梦》中贾宝玉与贾环；同祖父的是三服，例如贾宝玉与贾琏；同曾祖父的是四服，例如荣国府的贾政和宁国府的贾敬；同高祖父的是五服。五服涵盖了整个宗族，一整套的五服就是九族。

　　现在，中国由于几十年对人口的控制和社会的转型，以前的大家族变成了小家庭。别说孩子，很多父母都不懂三代直系以外的亲属怎么称呼，"表姑"、"舅爷"这类的亲戚是怎么论的，也没几个年轻人能说清楚。如果你真搞清楚了五服制度，所有的亲族关系你就都一清二楚了，自己从哪里来，到哪里去，也会体验得更入骨。

　　在漫长的历史进程中，中国社会由血缘纽带维系的宗法制度长期保留着。五服制度也是家国同构、忠孝同义的典型体现。

知礼贴士

参加葬礼的礼仪

　　现代社会多元化、快节奏，虽然不用那么严格和长期的服丧制度，但无论在东方还是西方，葬礼都是一个庄严肃穆的社交场合，所以礼仪要求也一样细致和严格。不同国家和民族在丧礼的具体形式上，根据死者生前的宗教信仰不同而有不同的规矩。但是无论怎样，如果参加葬礼或吊唁活动时，男女均应穿黑、蓝等深色服装，男士可内穿白色或暗色衬衣；女性应穿深色正式服装，内穿白色或暗色衬衣，不可穿红戴绿，不用花手帕，切忌浓妆艳抹，也不要涂抹口红，不戴鲜艳的围巾，尽量避免佩戴饰物。如果实在需要，可考虑白珍珠或素色饰品，避免佩戴黄金。

参加葬礼，自身得体的言行会给亡者亲属带去关怀及安慰。要避免一些过当的举动，例如嚎啕大哭。在措辞上也应注意，作为慰问语一般可以说，"这次事情真令我悲痛，请节哀顺便。"、"这次事情太突然了，衷心表示哀悼，请保重身体。"不要使用"死"、"惨"等使人联想到不幸的词汇。葬礼会场是肃穆的，吊唁者言辞应低调收敛。绝对不能高谈阔论、嬉笑打闹，这些举止都是对亡者及家属的不敬。说话时要压低声音，举止轻缓稳重，才能显出诚意和庄重。

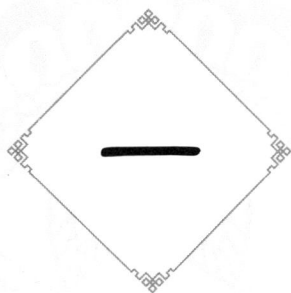

一

飧

知

禮

一餐知礼

【伙伴不吃独食】

【烹装神器】

【两根乾坤】

【最好吃的全在这】

伙伴不吃独食

但凡吃过食堂的小伙伴，都有过这样那样神奇的体验：食堂有最让人大开眼界的奇葩菜，譬如尖椒豆腐炒月饼、土豆馅的三鲜水饺、橙子炒肉、香菇炒汤圆……食堂里有情绪不稳定的盛饭阿姨，高兴时你要二两给你半斤，不高兴时你要半斤给你个白眼；当然食堂员工队伍里也混进过帅哥美女、出产过学霸……种种让人欲罢不能怀念不已的体验，让食堂菜被戏称为"中国第九大菜系"。

当然了，食堂有出糗，也有浪漫的邂逅与分合，是发生各种故事的不二场所。

这一切，都因为食堂是个群体共餐的场所。

可要说在食堂吃饭是共餐，但明明是一人一餐盘各盛饭菜的，那不就是分餐吗？

要搞清楚食堂是伙食还是分食，还要从我们的饮食制度说起。

战国有四公子，论翻云覆手、搅和政局的本事，很难分高低。但是论养贤士，

孟尝君食客三千

字知系列丛书

谁也比不上四公子中的孟尝君。

孟尝君是战国时齐国的贵族，叫田文，以"轻财下士"著称，门下食客三千，权倾一时。他先担任齐相，发展合纵抗秦势力，后又担任魏相，联合赵、燕等国依附秦而攻齐，是战国时期著名的权变之臣。

孟尝君能做到这样脚踏黑白，并能全身而退，和他拥有大量食客"得士"有很大的关系。那么，什么是"士"？

"士"的字形来自古代一种宽刃的战斧之形，手持战斧的人多是强壮有力的青年男子，由此引申出健壮、有能力等含义，"士"后来也指有能力的人。

"士"在商周时期是贵族阶层（先秦诸侯国君之下有卿、大夫、士三级），大多是卿大夫的家臣。战国时的"士"，有著书立说的学士，有为知己者死的勇士，有懂阴阳历算的方士，有为人出谋划策的策士……刺秦王的荆轲是燕太子丹的"士"、三教九流是孟尝君的"士"、苏秦是合纵六国的"士"……各种不同的"士"在历史舞台上都留下了绚烂的一笔。"士农工商"就是古代的四民，说白了就是办事的、种田的、做工的、经商的。

在中国古代，"士"的含义很广，既可以指士兵，也可以指士大夫、贵族，还可以指青壮年男子，但最常见的含义应该是指具有某种技能或才干的人，孟尝君的"士"就是这样有歪才的人（比如鸡鸣狗盗之徒）。

孟尝君养士三千，就是养食客三千。

我们看看何谓"食"：甲骨文的"食"，上边是个倒着的"口"，下边是食器中盛满了饭，表示张口吃饭。

我们常说食君俸禄，替君分忧，就是接受别人的恩惠，就要忠心替别人做事。孟尝君和食客，就是这样的关系：孟尝君供养他们吃喝，他们为孟尝君出智出力。

孟尝君宽容大度，投奔他的人越来越多。

　　但是孟尝君有一点做得特别好，就是宴请食客时都和他们吃一样的饭。

　　有一次，都晚上了，孟尝君招待新来的食客吃饭。这位老兄不知道是天生敏感还是老早就懂得细节决定成败，对一切都观察得特仔细，还真让他发现一个"重大"细节：仆人上菜的时候挡住了光！按说要是换了别人，可能也不觉得是什么大事；仆人来来回回地折腾，无意间遮挡一下光不是很正常吗？但是那位新来的"脑回路"却是这样的："什么意思？干吗要挡上光不让我看清楚？哼！一定是看不起我！差别对待！故意给别人吃好的不给我吃！想都不用想，给我的饭菜一定比别人差！还想假惺惺地不让别人知道！这哑巴亏我可不吃！士可杀不可辱！是可忍孰不可忍！"想到这儿，这位老兄一把推开食案，起身就要走。孟尝君一看："什么情况？"连忙站起身，连手端着的豆都没放下就快步走了过去。

插播一下，这个"豆"不是豆子，是孟尝君和众宾客们食用的肉酱碗，那时候不叫碗，而是将盛器叫"豆"。

甲骨文的"豆"，字形就是古代装食物的高脚容器，这种食器在春秋战国时期很盛行，是古代宴会和祭祀时盛放食物的器皿，因此"豆"也是重要的礼器。"豆"大多是陶制的，也有青铜或木制涂漆的（木制的叫豆，竹制的叫笾）。后来"豆"假借为"菽"（shū），成为豆类植物的总称。所以带"豆"的字很多都和食器或豆类有关：比如豆豉（chǐ）的豉、豇（jiāng）豆的豇、豊（lǐ）器的豊（豊，即礼）……

先秦时候，各级贵族所用的"豆"都有严格的等级规定：天子二十六个、诸公十六个、诸侯十二个、上大夫八个、下大夫六个。超过规格就是越礼了。

孟尝君和食客一样，分餐而食。

那么，言归正传，我们继续说孟尝君和那位食客。

孟尝君反应快，电光火石间这么一琢磨，心想："刚才吃饭啥也没说，不

83

应该是言行得罪他了，看他发飙前看看自己的'豆'又看看别人的'豆'，估计是饭菜惹他不高兴了？"

孟尝君情商很高，知道这话就是猜对了也不能直说，就端起自己的饭给客人看。意思是你看，咱俩的饭是一样的，你吃的是什么，我吃的也是什么。

孟尝君端起自己的豆器给客人看

客人一看，饭菜还真的一模一样！知道自己错怪了孟尝君，再想起自己因为吃个饭闹腾这么一场，以后还怎么有脸混？十分惭愧，这一羞愧啊——他提起剑来就把脖子给抹了。

这个食客虽然自尽了，但这个故事却让大家都知道了。在这段八卦里凸显了食客的奇葩和孟尝君的平等宽容，为此又有许多士赶来投奔到孟尝君门下，孟尝君都会尽心款待，这使得他的威望越来越高，影响也越来越大。使他后来先后做过秦、齐、魏三国之相，每次他遇到难题，都有食客帮他逢凶化吉，左右逢源，连鸡鸣狗盗之徒，都能在紧急关头挽救他的性命。

孟尝君这个故事还告诉我们另外一件事。

现在中国人吃饭，喜欢大伙一大桌一起吃，每道菜一上来一大盘，你夹我也夹……许多人从卫生、健康的角度出发，倡导西方的分餐制，批评这种"伙食"制。其实，从孟尝君这个故事我们就能看出来，分餐制恰恰是中国古代的习俗，它存在的时间要远远超过"伙食"的历史。

伙 什么是伙食？伙，"火"再加上"人"（亻）就是"伙"。古代士兵十人为一火，军队里烧饭的人就叫伙夫，同火的人互称伙伴。古时候，"伙"同"火"，所以"伙伴"也叫"火伴"，《木兰诗》里的"出门看火伴，火伴皆惊忙"就是这样的伙伴。后来"伙伴"就变成我们现在"同伴"的意思，集体吃的饭就是伙食。

"伙食"是军队的产物。但是，最初中国人可不是"伙食"制。

从使用"豆"的数量我们就能看出来，古代食器也是等级制度的礼仪标志：从天子、诸侯、大夫到士、庶，吃饭时所用的器具和食品菜肴，都是不一样的。古人席地而坐，最初是把像"豆"一样有脚的饮食器直接放到面前食案上，各吃各的饭菜。即使是好客的孟尝君，也是和客人分餐而食。正是因为分餐，那个敏感的食客才会以为自己的饭菜不如别人的。如果大家同桌而食，菜肴同出一盘，那客人就没有机会疑神疑鬼，也就死不了了。

那么，分餐是怎么转向"伙食"的呢？

从分餐转向"伙食"，是从魏晋南北朝开始的。那时候儒学失控了，士人叛逆了，追求自然放纵的生活方式。西晋的阮咸与宗人饮酒，不用杯觞（shāng）斟酌，直接"以大盆盛酒，圆坐相向，大酌更饮"（《晋书·阮咸传》）。圆坐相向，同食共饮符合魏晋名士放任自然的理念，也成为他们挑战礼法的行为表现。随着士族门阀的形成和发展，家族观念也得到更多强化，共食、共居成为家庭孝悌（tì）和睦的标志。

阮咸与大家一起饮酒，大盆盛酒，面面相对坐一圈。

北魏有个叫杨椿的太保，就非常强调共食，常对子孙说："我们兄弟如果在家，必定同盘而食，如有人出门不远没回来，大家必定等他回来，过了中午也忍饥等待。我们兄弟八人，而今健在的有三人，仍然不忍别居而食……我听说你们这辈儿的兄弟经常有别居而食的情况，这又不如我们这一代了。"由此可见共食已成为当时家族凝聚力的纽带。

随着"垂足坐"逐渐替代了"席地而坐"，室内家具由矮变高，长桌、方桌、圆桌八仙桌轮流登场，使一家人围坐共食成为可能，"伙食"的饮食习俗也逐渐定型。《宋史》里就记载说，陈昉（fǎng）一家十三世同居同食，长幼七百余口，"每食必群坐广堂"，甚至连狗都一个也不能少（一犬不至，群犬亦皆不食）。可见唐宋以后一家老小围坐共食，维系家族孝悌和睦、稳定的宗法观念，已经越来越深入人心，"伙食"也代替"分食"成为中国饮食文化的一大特色。

那么，我们在食堂吃饭到底是伙食还是分食？

在食堂吃饭，饭菜都在各自的餐具里，实际上是分餐制；如果你是和伙伴们一起聚餐，一盘菜你可以夹我也可以夹，那就是伙食；如果聚餐吃的是自助餐，那就还是分食。

所以，现在推行分餐制，与其说是学习西方，不如说是中国古代饮食文化有选择地复兴。

知礼贴士

共餐礼仪

我们在生活中总会有各种形式的聚餐：家庭聚餐、朋友聚会、婚宴喜宴、同学同事聚餐……和别人聚餐时，我们应该注意哪些共餐礼仪呢？

首先要注意席上有没有长辈或领导。如果有，应该以长辈或领导为主，不要长辈还没动筷吃饭，晚辈就开始吃上了，这是对整个席上的人都不尊重。

在吃饭时，自己吃饭发出的声音要尽量小，大声咀嚼是非常没有礼貌的；也不要发出打嗝声，如果要打嗝或者有其他问题要出去解决好再回来，不要影响到他人用餐；夹菜过程中不要挑拣，应从自己的这边开始夹菜，不能从中间扒拉开，挑好吃的吃，显得自己没有涵养；在餐桌上不要看别人吃东西，这也是不礼貌的；吃饭过程中，如果没有服务生端茶倒水，自己应该主动承担起端茶倒水的任务，先给长辈倒，按辈分依次倒水。敬酒也要按辈分身份从高到低敬，如果有人向你祝酒，你不喝也是失礼。假如你确实喝不下这杯酒，可以把酒杯端到嘴边做一个象征性的动作。

在餐桌上还要注意一些隐性的规矩，比如不要问及别人的私事，如年龄、工资收入、婚否、私生活等，以免犯规矩；假如别人令你陷入某种尴尬境地，要保持冷静，沉着应付，自然大方，机智地使自己能顺利解围，又不失尊严。

烹装神器

我们在生活中常常看到有的人打扮光鲜，可是在公共食堂吃完饭却不收餐盘，瞬间达到自黑效果；甚至还有一些老师也是不收餐盘走人，弄得满桌狼藉……

现在很多学校食堂和员工餐厅，因为人流量大，都是用餐者在用餐完毕后自己收盘子的。毕竟餐具进化到现在的只需要一个餐盘就可以全部搞定，对我们来说只是举手之劳，还矫情什么呀！

又不是让你搬大鼎！

要是让你像古人那样用鼎装食物，你就是不收餐具，也没人说你素质低。

当年黄帝采来首山的铜，在荆山下铸了三座鼎，分别命名为"天"、"地"、"人"，据说还镇住了方圆百里的神怪！另外，这宝鼎帮助黄帝考定星历，创立五行，正闰余，制节气，使人民顺应农时，播种百谷。

这是不是有点神了……更神的是，传说黄帝铸鼎成功后就升天了，有巨龙垂下胡须来

扬州　　　　荆州　　　　梁州

徐州　　　　豫州　　　　雍州

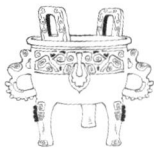

青州　　　　兖州　　　　冀州

禹贡九州九鼎形制方位图

接他。地上的群臣貌似不忍黄帝升天，就抓着龙须不松手（其实他们也是想升天吧），把人家神龙的须子都扯断好几根！生生把这些胡须变成龙须草……

后来禹又造了九鼎象征九州，集中到夏都阳城，借以显示夏王大禹成为了九州之主，从此一统天下。大禹把九鼎作为镇国之宝，各方诸侯来朝见时，都要向九鼎顶礼膜拜。从此之后，鼎成为国家最重要的礼器，很多响当当的成语都和它有关：鼎鼎大名、一言九鼎、三足鼎立……很早以前的古人还把文字刻在青铜鼎上记大事，这些铭文又称金文。鼎的地位如此显赫，实际上它的出身也不太平凡。

看甲骨文的"鼎"字，就能知道鼎的样子："鼎"字上面的部分像鼎的左右耳及鼎腹，下面像鼎足。"鼎"的本义就是古代烹煮、盛食物用的器物，也可以用来调和五味。一般来说，鼎有三足的圆鼎和四足的方鼎，有的有盖儿，有的没有盖儿。

在古代，鼎也不是谁都能用上的，它是贵族专属。钟鸣鼎食，是用来形容权贵吃饭时候的豪奢排场的，即奏乐击钟，用鼎来盛装各种珍贵食品，列鼎而食。

什么是"列鼎"呢？列是陈列，列鼎就是成组的鼎。形制由大到小，成为一列。列鼎的数目通常是单数，不同的身份等级用不同的鼎数。能列多少鼎，也要看你的

古代贵族用鼎吃饭

品级有多大：要是天子呢？就是九鼎；诸侯，就是七鼎；卿大夫，五鼎；元

士（天子之士，算是低级官吏），三鼎。

所以，西汉的主父偃有这样的"豪言壮语"："丈夫生不五鼎食，死则五鼎烹耳！"九鼎七鼎那是讲出身的，主父偃出身贫民肯定是够不上的，他能努力到的最高级别就是五鼎。能用上五个鼎，那是卿大夫的级别。主父偃这话的意思是：大丈夫活着时不能作为重臣用五鼎吃肉，死了就被五鼎烹了算了！

这追求五鼎的价值观也和主父偃（yǎn）的经历有关系。主父偃一直到中年都不得志。而且他人缘特别差，走到哪儿都招人烦，都找到卫青连线汉武帝了，也没好使。最后他只能铤而走险——直接给汉武帝写奏章求关注。

这次奏报终于成功了。此后他又上书《推恩令》，尊立卫子夫为皇后，揭发燕王，还提出了"大一统"的政治主张，很讨汉武帝的欢心，曾在一年中升迁四次。如果按照这样的势头，他确实能得偿所愿：生能五鼎食，死只要他愿意，也能五鼎烹。

不过，他后来太能敛财了，胆子越来越大，接受封国贿赂成了压死他的最后一根稻草，最终被汉武帝灭了全族。话说回来，被五鼎烹，其实揭露了鼎的另一个身份，那就是刑具。

有个词叫鼎镬（huò），鼎能烹饪就不用说了，镬也是一种食器，是烹煮食物用的大锅，和鼎的区别就是鼎有足，镬没有足。鼎镬合在一起，就变成了古代的酷刑，由煮肉变成煮人，而且还分为"水烹"和"油烹"，残忍程度让人不能直视，所以主父偃用"五鼎烹"来发狠话。

虽然主父偃没被烹成，古代被鼎镬烹的名士却有不少，高阳酒徒郦食其（yì jī）就是其中一个。郦食其是刘邦的谋臣，很得刘邦看重。在楚汉战争后期，他以口舌之功游说齐国归顺。韩信本来应该和郦食其一队，

字知系列丛书

他听说郦食其凭借鼓唇摇舌的本事就取得了齐国七十余座城池，心里很不平衡，就在背后拆了郦食其的台，带兵夜袭齐国。齐王懵（měng）了，怒斥郦食其："什么情况？我不是已经投降归顺了吗？怎么还打我啊？郦食其你真没信用，你是在和韩信合伙耍我玩儿吗？要想活命就去阻止汉军进攻，不然我烹了你！"

郦食其——刘邦谋臣

郦食其回答得很干脆："干大事业的人不拘小节，有高尚道德的人做事也不推托责任（举大事不细谨，盛德不辞让）。我不会替你再去游说韩信！"狂生郦食其就这么被齐王投到鼎镬里烹杀了。

鼎，堪称古代最重要的青铜器之一，身份实在复杂：首先它是食器，用来烹煮和盛放肉类；两千多年里，鼎还一直是最常见和最被重视的礼器，祭祀少不了它，宗庙铭功记绩也少不了它（安阳殷墟出土的司母戊大方鼎，就是商王祭祀其母戊所铸）；同时，它也是烹人的刑具；最后，它还是律法的载体（春秋时期，晋国赵鞅等人就把范宣子的刑书铸在鼎上，以公开法律），是国家和至高无上权力的象征。

91

商代晚期鼎

后母戊大方鼎青铜礼器，1939 年殷墟武官北地大墓出土。

西周环带纹鼎

西周蝉纹鼎

从食器到国之重器，鼎也是蛮拼的。即便是现在，在寺庙大殿前，你也能经常看到鼎的身影，此时的它，既是装饰物，也是焚香的容器，还是庄严的象征。

我们再回过头去看鼎在饮食中的角色，它其实就是中国古代食礼和价值观的窗口。

肉在先秦不是谁都能吃上的，只有贵族能做到。那个时候肉食是公卿的代名词。所以《曹刿论战》中，在曹刿（guì）请求拜见鲁庄公时，才会对劝他别去的老乡说"肉食者鄙"。说当权的人目光短浅，不能深谋远虑，还得我上。

可见，虽然贵族和平民有不同的价值标准，但最终还是要看个人素质。

现在对餐具的使用，虽然不像以前那样有严格的等级标准，但也是有些讲究的。就拿碗来说：我们中餐的碗可以用来盛饭、盛汤，进餐时，可以手捧饭碗就餐。拿碗时，用左手的四个手指支撑碗的底部，拇指放在碗端。吃饭时，饭碗的高度大致和下巴保持一致。

如果汤是单独由带盖的汤盅盛放的，表示汤已经喝完的方法是将汤勺取出放在垫盘上，把盅盖反转平放在汤盅上。

再比如食碟：食碟是用来暂放从公用菜盘中取来的菜肴。使用食碟时，不要取放过多的菜肴在食碟里，那样看起来既繁乱不堪，又好像是饿鬼投胎，十分不雅。不吃的食物残渣、骨头、鱼刺不要吐在饭桌上，而应轻轻取放在食碟的前端，取放时不要直接从嘴吐到食碟上，而要使用筷子夹放到碟子前端。如食碟放满了，可示意让服务员换食碟。

食礼是"礼"的重要组成部分，是饮膳宴筵方面的社会规范，是餐饮活动中的文明教养与交际准则，也是赴宴人和东道主的仪表、风度、神态、气质的生动体现。

而最早出现的食礼，就像鼎的身兼多职一样，是有变化过程的：人们先是获得食物、再因获得食物感谢神灵的赐予、而后将敬神祭神变成惯例。因此，很多食器都有礼器功能。原始社会的先民，就算没有像鼎一样的礼器，也会把黍米和猪肉块放在烧石上烤炙而献食，在地上凿坑当作酒樽用手掬捧而献饮，还用茅草扎成长槌敲击土鼓，以此来表示对鬼神的敬畏和祭祀（《礼记》）。

后来，食礼由人与神鬼的沟通扩展出人与人的交际，以便调节日益复杂的社会关系，逐步形成完备的体系，奠定了古代礼制的基石。

知礼贴士

餐具使用和摆放礼节

不论是中餐还是西餐，在餐具的摆放和使用上都是有很多讲究的。西餐用刀叉，最简单的礼节也要做到以下几点：

1. 右手持刀或汤匙，左手拿叉。

2. 两把以上餐具，应由最外依次向内取用。

3. 刀叉轻握尾端，食指按在柄上。

4. 汤匙则用握笔的方式拿。

5. 如果觉得一直用左手拿叉不方便，可换右手拿叉，但更换不能太频繁，会显粗野。

6. 吃较大的蔬菜，可用刀叉来折叠、分切。

7. 软食物可放在叉子平面上，用刀子整理一下。

在中餐具里，餐具、酒具的摆放也有规则。比如摆骨碟时，将餐具码好放在垫好餐巾的托盘内，左手端托盘，右手摆放。从正主人席位开始按照顺时针方向依次摆放。摆放时要求花纹（字头、店徽）要对正，协调一致，碟与碟之间距离要相等，碟边距桌边 1 厘米。

摆勺垫、瓷勺时勺垫摆在骨碟前方，瓷勺摆在勺垫的中央，瓷勺柄朝右，勺垫距碟边 1 厘米。

摆酒具时葡萄酒杯应对正骨碟中心，葡萄酒杯底边距勺垫 1 厘米；白酒杯摆在葡萄酒杯的右侧，杯与杯上口处距离 1 厘米。酒具的花纹要正对客人；摆放时拿杯座，不能拿杯口。

此外，中餐具的主角——筷子，也有规则，筷架应放在骨碟的右侧，注意图案摆正，如果是动物图型，头一律朝左。将带筷套的筷子放在筷架上，筷子套的图案及文字要朝上对正。筷子末端距离桌边 1 厘米。公用碟、公用勺、公用筷应放置在正、副主人席的正前方，碟边距葡萄酒杯底托 3 厘米，碟内分别横放公用勺和公用筷，筷子放在靠桌心一侧，勺放在靠近客人一侧，勺柄朝左，筷柄朝右，成为对称型。公用勺和公用筷之间距离 1 厘米，筷子露出餐碟部分两侧相等……

两根乾坤

"为什么有人吃米饭也用筷子？那得吃多久啊！"

最近，脸书（facebook）上有一群老外吐槽中国的筷子太难掌握，他们都快被筷子逼疯了……

吃货无国界，不会使用筷子，严重阻挡了老外们品尝中国美食的脚步。

说起中国的饮食文化，可以没有大鱼大肉、山珍海味，可以没有茶具酒具、金银盘碟，但唯独不能没有一样最不起眼的东西，那就是筷子。

关于筷子有个八卦，说筷子是纣王宠妃妲己发明的……

传说商纣王喜怒无常，吃饭也不消停：一会儿嫌鸡汤太烫，一会儿嫌鱼肉太凉，各种找茬折磨人。妲己也知道他难伺候，所以每次摆酒设宴，她都要事先尝一尝，免得纣王又要发飙。

有一次，妲己尝到菜太烫，可是纣王非要马上吃。妲己急中生智，从头上拔下两根玉簪将菜夹起来，吹了又吹，等菜凉了一些再送入纣王口中。纣王被伺候舒服了，天天都要这么吃饭，于是妲己就让工匠为她特制了两根长玉簪专门夹菜，后来这种夹菜的方式传到了民间——筷子就这么诞生了。

这个八卦到底是不是真的？考古学家辟谣了。在安阳侯家庄殷商墓中发掘出的铜筷子，年代早于殷商末期的纣王时代，那时纣王还没出生呢，就别说妲己了！

另外一个传说似乎更合理一点：说大禹治水的时候，都在野外进餐，有时候时间紧，兽肉刚开锅，汤水滚烫根本无法下手，就折来树枝从热锅里夹肉，这就是筷子的雏形。

传说虽然是传说，但因熟食烫手，筷子应运而生，是合乎人类生活发展规律的。古人"以土涂生物，炮而食之"（《礼记》郑注）。就是把食物用树叶包好，糊好泥放在火中烤熟。有的专家认为这种

大禹折两根树枝夹锅里的肉

烤食法也推动了筷子的形成：当先民把包好涂泥的食物放在火灰中烧烤时，为了让它们受热均匀，就不断用树枝拨动。天长日久，筷子也就渐渐地出现了。

筷子最早的称呼是"箸"（zhù）。"箸"字由"竹"和"者"组成，"竹"表示材质，"者"有附着之义，食物附着于筷子之上，意味着挟取，这正是筷子的主要功能。另外，"箸"字还有个写法是"筯"，从这也可以看出，筷子最主要的作用是帮助进食。

关于筷子，还有个"纣为象箸，而箕子怖"的故事。

这是《韩非子》里的一个故事，故事很简单，就是纣王使用象牙筷子，箕子见了觉得害怕。

箕子是谁？箕子与微子、比干齐名，并称"殷末三仁"。因为他封国于箕（商王朝在东北地区西部的一个小封国），爵位为子，故称箕子。

纣王无非就是用了双象牙筷子，箕子为何如此大惊小怪？

那是因为箕子知道，所谓什么锅配什么盖，用了象牙筷子，必然就不会再用陶制的杯子，一定会改用玉石做的杯子；用了象牙筷子和玉杯，

必然也不会吃粗粮菜蔬，而是去吃山珍海味；吃了山珍海味，必然不能穿着粗布短衣，坐在茅屋中吃，一定要穿着华贵的衣服，坐在宽大的屋子里、高高的亭台上吃。箕子越想越害怕，所以在看到纣王用象牙筷子的时候就开始感到恐惧。

后来，纣王果然亡国了。从普通筷子到象牙筷子，从象牙筷子到酒池肉林，欲壑难填的纣王就这样一步步地走向了灭亡。

纣王是商代末期的君主，关于他有这么多筷子的故事，可见早在公元前十一世纪，我们已经出现精工制造的象牙箸，用筷子的历史至少有三千多年。筷子是中华民族饮食文化所独有的一大特色，而用筷礼仪也是古人饮食礼仪中的主要内容。

不过，即使有了筷子，古人也还是持续了一段时间徒手抓饭的。

《礼记·曲礼上》讲到请客吃饭时说："饭黍勿以箸……共饭不泽手。"这话怎么讲呢？唐代经学大师孔颖达的注解是："古之礼，饭不用箸，但用手，既与人共饭，手宜絜净，不得临时始捼（ruó）莎手（两手相搓）乃食，恐为人秽也。"意思是以前虽然吃菜是用筷子夹的，但吃饭却是用手抓着吃的。所以和人吃饭的时候得把双

古人手抓饭吃

手洗干净，而且两手别老搓呀搓的，你抓我也抓，搓得脏兮兮的还满手是汗，别人怎么吃啊！

这回你明白两手的第二根手指为什么叫"食指"了吧？

由于上古时代的人是用手直接抓东西来吃的，也许是相对于其他手指来说，第二根手指更灵活，古人就习惯用这第二根指头试探汤水、食物的冷热和味道，然后放到嘴里吮一下，冷热酸甜就知道了。食指，由此而得名。

说起食指，还有个有趣的故事……

春秋时期，郑国有位公子宋（字子公），他有根神奇的食指，这食指虽然不能点石成金，但是每次只要有跳动，不久后必尝美味。他出使晋国，食指大动，便吃到了石花鱼；出使楚国，食指大动，就吃到了天鹅肉……屡试不爽。

子公"染指"试汤

一次他和大臣子家去拜见郑灵公。在宫殿外面子公突然食指大动，这吃货十分高兴，就对子家说："你看，我食指动得这么欢，今天一定有美食吃。"

两人到了郑灵公那儿一看，灵公果然正在喝楚国王八熬制的肉汤。这也太神了！子家就把刚才子公食指大动的事儿跟郑灵公讲了。灵公一听，心里很不爽：你手指灵？好，我就让你知道，没有我的恩赐，你这手指头灵不灵！

于是郑灵公请大家喝王八汤，就是不让子公吃。子公也是个不吃亏的主儿，你不请我，我还不会偷吃了？就偷偷地将食指伸进到王八汤里尝了尝味，舔完了就扬长而去——这就是"染指"的来历。

郑灵公气得不行："不舔这一下能馋死啊？未经国君允许就偷吃王八汤，这就是藐视君威！我杀了你！"只是还没等灵公下手呢，子公知道这"染指"之后准没好事，就先下手为强，联合家族人把郑灵公给杀了……这就是一口王八汤引发的血案。

好在筷子在中国流行得很快，同时人们也渐渐意识到，无论手洗得多干净，用手习惯多规范，和筷子、勺子比起来，用手抓饭终究难登大雅之堂，注定要被食礼所淘汰。

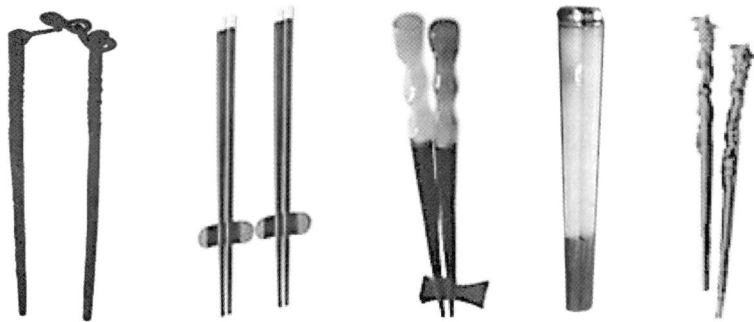

古代少见的铁筷子　红檀木全福筷子　黑檀牛角筷子　象牙筷子　金筷子

筷子，构造简单，功能却十分绝妙，不传热、不怕烫、不粘饭、上粗下细，上方下圆，放在桌上不滚，夹菜入口光滑，不伤唇舌。中国的孩子很小就学习使用筷子，他们不知道杠杆的原理，但却能通过熟练使用筷子，感知节省距离的奥妙。

筷子上衍生了诸多餐桌礼仪，也蕴含无限的智慧。有人说，中国人心灵手巧，就和从小用筷子有很大关系：人在使用筷子时，要协调八十多个关节和五十多条肌肉，并且牵动无数脑神经。这两根神奇的小棍，施展出来的高超技艺让世人惊叹不已。你看这筷子，一头方一头圆，会不会让你联想到天圆地方？筷子两根为一双，运动时一根主动，一根从动；一根在上，一根在下……像不像两根筷子的太极？

筷子，精彩绝伦地应用了杠杆原理，是人类手指的延长，又蕴含以简驭繁、富于变化的玄妙哲学。它帮助进食，衍生礼仪，又启迪智慧，是华夏祖先对于世界的珍贵馈赠。

最简单的就是最好的。

所谓运用之妙，存乎一心，不外如此。

知礼贴士

用筷礼仪

用筷的礼仪很多，而且延续至今。其实也不难掌握，记住下面几条最基本的，就能避免很多失礼之处：

1. 握筷子的姿势要规范，中指尖接触点在筷子的中部，太高、太低或变换指法（如：夹菜时食指指向客人）都不规范。

2. 不得在菜肴上乱挥动筷子。

3. 不要用筷子穿刺菜肴。

5. 不要将筷子含在口中。

6. 不要让菜汤滴下来。

7. 不要用筷子去搅动菜。

8. 不要把筷子当牙签。

9. 不要用筷子指点别人。

10. 需要使用汤匙时，应先将筷子放下。

在筷子的具体使用时，也有很多约定俗成的礼仪，比如宁可不吃也不要将筷子伸得老远去夹饭桌对面的菜肴（过河）；不要在用餐时用筷子敲击盘碗（敲筷）；不要把夹过的饭菜再放回去（返筷）；不要从碗底翻食（翻筷）；不要旁若无人地用筷子来回在菜盘里寻找从哪里下筷（执箸巡城）；不要用筷子在菜盘里不住地扒拉，以求寻找猎物，就像盗墓刨坟的一般（迷箸刨坟）；帮别人盛饭时，不要为了方便省事，把一副筷子插在饭中递给对方，像给死人烧香一样（当众上香）……

我们每天都在使用筷子，懂了这些礼仪，才是真正的会用筷子。

最好吃的全在这

时代在进步，民族在融合。中国最霸气的满汉全席，就是少数民族和汉族饮食文化集大成之体现。

话说满汉全席还和孔子有渊源呢！

江苏扬州城有一个以文兼武的世家，那就是阮家。

阮家在清朝出了一个全才，那就是阮元。

阮元的简历实在太耀眼太跨界了：他曾先后做过礼部、兵部、户部、工部四个部的侍郎、九省疆臣，是乾隆、嘉庆、道光三朝阁老，更是一代文宗：在经学、史学、术数、天算、舆地、编纂、金石、校勘、目录、典章、训诂、掌故等方面都有非常高的造诣……脑组织强大到令人发指。

在吃上，阮元也很有造诣，或许这也是其高寿的原因之一。但我们还得说：一个成功吃货的背后，必然有一个更坚挺的吃货。

阮元的原配夫人江氏病逝后，他在 32 岁的时候续娶了一位妻子，那就是孔府后人——孔宪增的长女孔璐华。孔璐华是一位才女，更是个喜欢吃的才女。清朝接管了汉人的江山后，为了加强统治，极为尊孔。乾隆和孔璐华家族有着很深的渊源，每到曲阜

"全才"阮元

孔庙祭礼，必下榻孔府。孔府接待贵客自然以吃喝为第一要务，何况孔子本身对饮食也是极讲究的。

曲阜孔庙——孔子的故乡

曲阜孔府——孔子故居

孔子被世人说成"四体不勤，五谷不分"——其实这不能怪孔子，五谷是什么，你也未必能分得清楚，就连专家都有好几个说法，常见的主要有以下两种：

"无麻说"，即五谷是稻、黍、稷、麦、菽；

"有麻说"，即五谷是麻、黍、稷、麦、菽。

这两种说法的区别一目了然：前者有稻无麻，后者有麻无稻。

麻是什么？从"麻"字中就可以看出来："广"（yǎn）表示房子，"林"（fèi）指削制的麻皮。合起来就表示在家里的劈麻，再进一步剥制而成。

麻，主要是用来农作生产的，茎和皮经过沤（òu）制可以做麻绳麻衣，皮与秆经过提炼而形成纤维，可用作宣纸。

稻，就是稻米。鉴于古代经济文化中心在黄河流域，稻的主要产地在南方，而北方种稻有限，所以"五谷"中最初是有麻无稻的。

稷（jì），就是现在的小米（粟）。

黍（shǔ），就是有黏性的黄米。

麦，就是做面粉的小麦。

菽，就是豆类。

菠萝麻

水稻

稽谷（谷子）

麦子

黍米（黄米）

科普了"五谷"，我们再来说孔子。孔子虽然不分五谷，在饮食上却分得很清楚："食不厌精，脍（kuài）不厌细。"这话的本意是说五谷所做的饭要将谷米择得精一些，肉类要切得细薄一点。"精择米，细切脍"的原则引申到祭祀，就是在祭祀时，应选用上好的食物原料，加工时要尽可能精细，这样才能尽仁尽礼。

孔子的饮食思想是建立在"仁"、"礼"的崇儒重道基础上的。孔子生

孔子讲学论饭食

活的年代，是中国饮食文化的奠基期，虽然烹调工具、方法以及食品结构还很粗糙，但粗中也有细。

孔子还提出著名的"八不食"：粮食陈旧变味，不吃；鱼和肉不新鲜，不吃；食物颜色难看，不吃；不好闻的，不吃；烹调的火候不对，不吃；不是吃饭时间，不吃；不是按一定方法割的肉，不吃；用的酱料不对，不吃……别的都好理解，我们来说说这后两项怎么就不能吃了。

首先，割不正就不吃，这话怎么解呢？

"割"指宰杀动物时，对猪牛羊肢体的分解。肉切割得正不正，是按儒家奉行的饮食礼仪标准来要求的。对于怎样割肉，古人有一定的分解方法，不按那方法分解的，就叫"割不正"。割不正，牛羊会因此受更多痛苦，这种痛苦之下产生的肉就不能吃。那要是这样的话，看来庖丁手下的牛就算是有福了。

庖丁就是一个厨师，他宰牛的时候很有一套：都是依照着牛体本来的骨骼结构使刀，游刃有余。他解牛时手接触的、肩靠着的、脚踩着的、膝顶着的地方，都发出皮骨相离声，这些声音居然还合乎音律！这就是解牛解出的神技！

而孔子的第八不食，原文叫"不得其酱"。古人很讲搭配，拿肉的酱料搭配来说，春天就得用葱酱，秋天就得用芥酱……用的酱料不对，就是乱了规矩，就不能吃。这应该算得上"食礼"讲究吧！

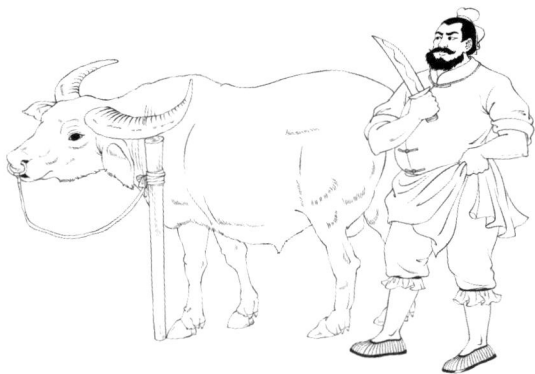

庖丁解牛

孔子还曾告诫后人说："肉虽多，不使胜食气……唯酒无量，不及乱。"

字知系列丛书

意思是吃饭时席面上肉菜再多，也不能超过主食的量；饮酒虽不必限量，但要自律，不能喝醉，免得神志昏乱。虽然讲究了些，但这些良好的饮食习惯现在也是非常有益的。

孔子估计有强迫症倾向，不但就饮食本身提出这么多要求，还提出许多用餐礼仪和规矩。比如参加宴会，主人用盛馔款待，客人要起立致谢，以敬主人；有好酒好菜时，应该谦让，请父母先吃，以示孝敬；有老人在席，要等持杖的老人都离席了，自己才能离席；吃饭的时候不说话，睡觉的时候不言语；座席摆得不正不入座……

儒家有"文明始于饮食"的说法，从孔子的饮食观便可知一二。

说完这孔氏的祖宗，我们再说这孔府。到孔氏这辈，差不多是孔子的七十三代后人了，孔府饮馔（zhuàn）秉承孔子的饮食思想，非常讲究。一套"府菜"大筵席，可达一百三十六样，并定期朝贡。

坊间曾有小道消息说，孔小姐嫁给阮元时，随孔小姐陪嫁过来的，还有四名厨师。这些厨师个个身怀绝技，深谙孔府烹饪奥秘。由于内有名师主厨，外有雅士品味，加上阮元不差钱，在餐饮上也就不断花样翻新。阮元经历丰富见识广，在两广总督任内曾以府菜为基础发展出一道席面，虽不及府菜规模，但也远远超出一般市面上的水平。由于这种席面能兼顾满汉人员的

满汉全席

习惯，因此人们便称之为"满汉全席"。

"满汉全席"这道纷杂大宴的出处众说纷纭，阮元版只是其中一个。

而究竟谁是首创，经历多番改变和创新之后的满汉全席已经很难考证，但满汉全席绝对是中华饮食的集大成者。满汉全席首先是"全"。

"全"的小篆字形，由"入"和"王"组成，"王"表示玉石；"入"借指内在、里面，合起来表示交纳的玉完整无缺。"全"的本义就是颜色纯净、完整无缺的玉石，后来引申为"完全"。

满汉全席的菜全到了什么程度？兼顾满族和汉族就不说了，上菜起码要108道：南菜54道、北菜54道。菜式要有咸有甜，有荤有素，食材当中有天上飞的、地上跑的、水里游的、土里种的、树上长的……取材广泛，用料精细，山珍海味无所不包。

其实清入关以前的宴席非常简单。一般就是露天铺上兽皮，大家围在一起，吃点火锅、炖肉、烤肉等。入关以后就不一样了：六部九卿中，专设了光禄寺卿一职，专司大内筵席和国家大典时的宴会事宜。很快就在原来满族传统饮食基础上，吸取了中原南菜（主要是苏浙菜）和北菜（鲁菜）的特色，创建形成了丰富的宫廷饮食。

满汉全席既然是宫廷大宴，对礼仪也必然十分讲究。入席前，要先上两对香、茶水和手碟；入席后先上冷盘，再依次上热菜、炒菜、大菜、甜菜。全席冷荤热肴196品，点心茶食124品，加起来共320品。合用全套粉彩万寿餐具，配以配套的银器。席间专请名师演奏古乐，礼仪严谨庄重，侍膳宫人也受过专门训练，礼数十分周全。

满汉全席堪称最为隆重丰盛的筵席，它的规格等级、排场礼仪格外讲究。

宾客到的时候，就奏细乐（管弦乐）示迎，奉上"到堂点"款待。宾客到齐了以后，会由主客请各位宾客"更衣"或换便服入席。入席也不是随便入的。席桌顺序及入席先后，一律按职位顶戴、朝珠公服来安排，有专门的人分别恭立席后，职司各位大人的饮食情况，随时示意位列下席的府县官员敬酒上菜。

席间还会换好几次台面：自入席至食毕"糖碗"，将上八大菜前换一次台面；吃到"八中碗"的"金丝山药"菜时，上茶点；待八大菜上到第六菜时，又上"中点"；"八大菜"上齐后，再上"席点"（其中桐州软饼、芝麻烧饼不上）。吃过这些，又换一次台面，由位居下席的府县官员依次到各席请大人"升位"，把席面抬出，重新更换桌面安好；又由府县官员依次请各位大人"得位"（升位、得位，是清代官场中比喻升官、得官的吉利话）。坐定之后，上烧烤的同时，上点心"桐州软饼"、"芝麻烧饼"；吃完点心，再换一次台面，仍由下席官员请各位大人"升位"、"得位"，直至席终。

金丝山药

芝麻烧饼

从府菜到国宴，满汉全席集宫廷满席与汉席精华于一席，后来就成为大型豪华宴席的代称，它是民族、地域融合的产物，是宫廷礼仪和汉族礼仪的应用，更是中华饮食文化的瑰宝，地位非比寻常，境界也非同一般。

所以说，饮食只有民族风俗习惯的不同，没有民族本身的排异。最高大上的原来是各民族融合的美食。

怎么样？馋了吧？

国宴礼仪

过去的国宴是满汉全席，现在的国宴是中西合璧。

国宴是以国家名义招待外国贵宾，处处体现国家形象，因而是最高规格的宴请形式，比如宴会厅内正面悬挂国旗，国宴请柬、菜单、座位卡、席间乐的曲目单，甚至所使用的餐具上均饰有国徽图案。

国宴的主桌上除我方领导人、国宾外，一般安排双方正部长级以上的人员以及双方的大使就座，其余各桌按身份高低，依次排列。各桌的主人面朝同一方向，每桌的主要客人座位在主人右手边，翻译则在主要客人的右手边。

国宴一般是在晚上，宾主双方的陪同人员先入席等待，待宴会开始时，国宾和配偶在我方领导人陪同下步入宴会厅，这时军乐队奏欢迎曲。宴会进行中间，会演奏中国和来访国著名的乐曲。宴会结束后，国宾在我方领导人陪同下，走向乐队，向乐队致谢。最后，国宾在我方领导人陪同下步出宴会厅，至北大厅中央握手告别。

我国国宴常常采用中菜西吃的方法，比如入座后，服务员随即为每位客人摆好荤素搭配的冷盘，吃过冷盘后上汤（这是西餐习惯，与中餐不同），然后是上荤菜、素菜。第一道菜往往是该宴会的代表菜，最为名贵。待宾客吃完一道菜后，换上新餐盘，再由服务员及时端上另一道菜。主菜后是甜点、水果。

中菜西吃的方法也体现在餐具上，即客人可以用刀叉吃中餐。餐桌上为每位客人同时摆好了中餐筷子和西餐刀叉，任由客人选用。餐具是特制的，有中国瓷器、陶器、金器、银器、不锈钢器、铜器等。餐具外形也很有特色，比如传统的吉祥图案：白菜形瓷盘（象征百财）、鱼叶形瓷盘（象征有富余）、龟形瓷盘（象征长寿）、柿形瓷缸（象征万事如意）、橘形瓷盅（橘＝吉）、鸡形陶罐（鸡＝吉）……

一恒知禮

一住知礼

【本宫拼了】

【城府太深】

【门当户对】

本宫拼了

如今，几部先后热播的古装剧精品强力推动了古装剧，尤其是宫斗剧的回暖。但古装剧虽然充斥荧屏，精品却在少数，大多数剧情荒谬，脱离现实，以历史为噱头，却没有历史的底蕴；以人物成长为核心，人物却没有成长。

历史可以有限改编，但价值观却不能无限捏造。

有这么一个传说：铁腕的秦王嬴政在青春年少时也柔情过，他爱上了一位邯郸的美少女，叫阿房。嬴政统一天下后想立她为后，却因为她是赵国女，遭到大臣们的反对。美丽善良的阿房为了嬴政、为了百姓、为了和平，就殉情自杀了。秦始皇情难自已，为了纪念她，就修建了天下第一宫——阿房宫。

对于一个十三岁继位，三十九岁称帝，北击匈奴，南征百越，修长城，通水系，建集权，造皇陵……杀气腾腾又忙得像个陀螺的铁血帝王来说，为一女建一宫这事怎么看都不像嬴政干的事。

那么，为什么民间和野史都在绘声绘色地传说阿房宫的故事呢？因为

秦始皇与阿房的爱情故事

阿房宫是传说中的天下第一宫。

阿房宫全景图

什么是宫？

甲骨文的"宫"字就像是古人的房屋，外边的框像是有围墙的房屋之形，里面的两个"口"，分别表示门和窗。在穴居时代，宫是人们居住的地方，是古代对房屋、居室的通称，到了秦汉以后才特指帝王的宫殿，这时候"吕"就像围墙内的房屋，"宀"表示屋宇，这就是帝王的"宫"。

在布局上，阿房宫也像"宫"字造型那两个"口"一样，包含两大建筑群：一个是前殿建筑群，另一个是"上天台"建筑群（祭祀天神地祇<qí>的建筑）。

我们常说"宫殿"，"殿"又是什么呢？

"殿"字右面的"殳"（shū），表示手里拿着打击类乐器以发出声音，左面表示供奉神佛或帝王，整体表示供奉神佛或帝王受朝理事的高大的房屋。宫和殿同属于最高统治者，但是从字形上就可以看出它们的不同：宫是建筑群，殿是单独一间。

"臀"字里就有"殿"，处于人体下部，所以有居尾部的意思，比赛的最后一名称"殿军"，撤退走在最后叫"殿后"；"殿"同时又有坐镇

111

的意思，高大房屋的地基一般都比较高，如同坐在上面，所以叫"殿"。

"陛下"和"殿下"，就是宫与殿的陛阶（台阶）下。

古时帝王的卫士就在陛下两侧进行戒备。当帝王与臣子谈话时，臣子不能直呼天子，必须先呼台阶下的侍者，让侍者再告之天子。"陛下"就这样变成臣子对帝王的尊称。同样的原理，殿下，就是说话人通过殿下的侍者把话转达给皇家的太子、亲王。从三国开始，皇太后、皇后也可以称"殿下"。

太子殿下也可以称"东宫"，这是因为太子的住处位于皇宫的东部。而皇帝妃嫔们住的地方，在皇宫的西部，因此"西宫"就成了妃嫔的别称。我们经常看到古装剧里，只要是个高位嫔妃，就动不动自称本宫本宫的。关键是，你有宫吗？再说"本宫"不是后妃专用，皇宫中有很多宫殿，只要是一个宫殿的主人都可以自称"本宫"。比如太子叫"东宫"，就可以自称本宫；公主在成年后，有自己的宫殿，有正式的封号，也可以自称本宫，否则只能是本公主。也就是说，只有一宫之主才能这样自称。

东宫——太子殿下的宫殿

其实，阿房宫只是个半成品，还被败家的项羽一把火烧了，但它生命如此短暂还能有这么大的威名，足以看出它强大的影响力。它不仅是秦代建筑中最宏伟壮丽的宫殿群，更是中国古代宫殿建筑的代表作，还记载着中华民族由分散走向统一的历史。这个"天下第一宫"的称号它还真是当之无愧。

那座始终没有彻底完工的阿房宫在世时候究竟是什么样子的呢？唐代诗人杜牧在《阿房宫赋》里是这样描述的……

阿房宫有三百多里地，宫殿高耸，遮天蔽日。它从骊山向北，再往西转弯，一直到咸阳，而渭水、樊川也趁势浩浩荡荡地流进宫墙里边。宫里五步一楼，十步一阁，走廊如绸带般萦回，屋角并排相向。

阿房宫像一幅山水画，美轮美奂。

远观鸟瞰这座宫殿，好像密集的蜂房、旋转的水涡，高耸入云，不知有几千万座宫宇。长桥架在水波上，就好像龙在腾云驾雾……房屋忽高忽低，幽深迷离，使人辨不清方向。就是在一天里、一座宫殿中，气候都不一样……实在是太强悍了！难怪直到秦始皇去世，阿房宫也没修好。三年后（公元前 207 年）赵高作乱，逼迫秦二世自杀，阿房宫最终完全停工，直到大秦帝国灭亡，它也就被烧成遗址了。

阿房宫是中国古代宫殿建筑的代表作，也是秦灭亡的象征，是秦代价值观的集中体现。焚书坑儒的事秦始皇都能干出来，可见秦的价值观和儒家有多大的分歧。和儒家的内敛自律不同，秦的价值观外扩、张扬，什么都追求极致：宫室要大！都城要大！疆域要大！陵墓要大！而且要调动全国所有的人力、物力、财力来集中力量办大事。阿房宫具体有多大就不说了，仅仅是它的前殿就占地 800 亩，相当于 90 个标准足球场的面积！秦帝国确实在短时间内奠定了很多历代延续的制度，但同时也超越了当时的社会承受能力。难怪会有孟姜女哭倒长城的故事，也难怪秦末有那么多起义军。

历代帝王为了维护统治的威严，都会营建各种宫室殿堂。阿房宫规模固然惊人，西汉初年修建的未央宫，规模也不见得比阿房宫差了多少，总面积是后来的紫禁城六倍！汉高祖刘邦最初还觉得未央宫太奢华了，主持这一工程的萧何说："天子以四海为家，非壮无以重威。"萧何说出了很多帝王的心声：宫殿不壮观，怎么能显示我皇威浩荡？以后的历代帝王更是把规模宏大的宫殿作为巩固政权的工具。

未央宫的命运比阿房宫好多了，它是汉朝长达 200 多年的政令中心，成为汉宫的代名词。就是在西汉以后，未央宫也是多个朝代的理政之地，隋唐时还被划为禁苑的一部分，存世 1041 年，是中国历史上使用朝代最多、存在时间最长

未央宫

的皇宫。未央宫的建筑形制也深刻影响了后世宫城建筑，奠定了中国两千多年宫城建筑的基本格局，那就是中正、正中。

《荀子》说得很明白："欲近四旁，莫如中央，故王者必居天下之中。"具体怎么体现王者在天下之中呢？那就是"择天下之中而立国，择国之中立宫，择宫之中立庙。"（《吕氏春秋》）看看，在天下中央建国家、在国家中央建宫殿、在宫殿中央立宗庙……最重要的都在重重包围"中"。

"中"字的甲骨文字形，中间像旗杆，上下有旌旗和飘带，中间竖立着旗杆，表示中间的意思。中，本义是中心、当中，指一定范围内适中的位置。在中国传统文化里，"中"还表示处事的分寸、度，以勿过勿不及为恰当，也代表为人处世的一种态度，如：中正、中庸之道等。

而古代帝都营建的一个基本原则就是以皇城为中心，"前朝后市，左祖右社"。（《周礼·考工记》）就是说，皇城的前部是朝廷，是帝王上朝听政的地方；皇城的后面是市集，是都城的商业交易地；皇城的左边是太庙，就是帝王们祭祀祖先的地方；皇城

皇城

的右边是社稷坛，就是帝王们祭祀土地和五谷神的地方。这种围绕皇城中心所安排的格局，实在是既庄严又方便。

中国古代天文学家把恒星分为三垣（yuán）。"垣"是他们划分星空的单位，这些逻辑强大、联想能力超强的天文学家把天上的恒星分为很多星官（相当于西方天文学中的"星座"），紫微垣位于中天，是天帝所居，根据天人对应，汉代的未央宫又称紫宫或紫微宫，表示它是人间皇帝的宫城（故宫又称紫禁城也是这个原理）。还有那条至关重要的中轴线，中轴线是古代都城建筑中的一大特点。一般来说，宫殿建筑轴线均为南北方向。关于宫城轴线，一般位于宫城之内东西居中位置。由于都城轴线受宫城轴线制约，在轴线位置上，后者决定前者。

我们再看看明代修建的紫禁城（故宫），就位于北京城的南北中轴线上。故宫的总体布局也以轴线为主，左右对称，建筑规划有序严谨。

"中"也是最尊贵的方位。在故宫众多的房间中，帝王居住的宫殿在位置上都处在故宫整体建筑的中轴线上，同时，其他宫殿的建筑形式要和它们形成鲜明的等级差别。可以说，以中为尊，是很多宫殿建筑的总体设计思想，也是中国历代帝王宫殿营造的基本规范。

就连皇帝之尊，那么至高无上，也不叫"九九至尊"，而是"九五之尊"。

"九"的甲骨文字形，像是曲钩的形状，本义是弯曲，但本义消失，被借作表示数目，后引申指多数、数量大，如：九牛一毛、九曲回肠。九是最大的正整数，在中国传统文化中，被运用到表示"极"、"吉"的概念，因此和帝王有关的事多用"九"表示，如：九五至尊，表示权势、地位都极高的帝王；一言九鼎，表示说话十分有分量，能起很大的作用；朝廷里有九卿；皇城有九门，据说紫金城的房屋就有九千九百九十

皇宫门上有九排钉

间半，连皇宫门上的门钉都得是九排……

"五"的甲骨文，由上下两横和中间交叉的形状构成，本义是纵横交错，后本义消失，被借用表示数目五，如：五天、第五、五行、三山五岳。"五"在中国传统文化中很受欢迎，出现了许多美好含意的成语，如：五福临门、五谷丰登、学富五车等。

"五"是数的中间数。而在《易经》里，第五爻（yáo）本来就是君位，这个位置代表的就是帝王，帝王广施德行，慢慢积累，从初九到达这里，恰恰是最中正刚健的好位置，这个位置就是帝王之德的象征。

五谷丰登

"天子"者，天之子也。

天最高，可居上九之位，天子居九五，还是皇上给自己留余地了呢！

知礼贴士

宫殿参观小贴士

　　阿房宫和未央宫都已经不在了，但故宫还在，还能参观游览。像故宫博物院、国家博物馆、寺庙殿堂这样的场所，是一个环境相对特殊的地方，参观时要特别讲究礼仪，别穿得太随意，要选择相对正式的服装，比如男士最好是着西装、打领带、穿皮鞋。另外也不要大声喧哗，宫殿如同它们的历史一样，是一个讲究安静的场所。因此，参观者也要始终保持安静，不高谈阔论，更不能大声喧哗。还有需要注意的是，进入宫殿和庙堂参观，展品不能乱摸。这样的地方，所有的展品，包括所有的建筑细节，都是十分珍贵的，甚至在世界上都是独一无二的，具有极高的价值。到处乱摸，不但让自己掉价，对建筑和展品也是一种破坏。

　　旧时王谢堂前燕，飞入寻常百姓家。能亲身去体验这些以前的人们想也不敢想的地方，这是历史和文明对现代人的馈赠，我们且行且珍惜。

117

城府太深

有人比较过中国人和外国人的"城府"。说中国人的"城府"就像鲁迅在《世故三昧》中说的："说一个人'不通世故'，固然不是好话，但说他'深于世故'也不是好话。'世故'不可不通，而亦不可太通的……"

而外国人的人际关系就要简单得多了。凡事按照规则办，没有什么"灵活性"，谁来都一样。权力被一层一层死死盯梢，更别提滥用职权了。因为大家都简单，免去了许多猜测误解，怎么想的就怎么说，怎么说的也就怎么做，说话表态清清楚楚、旗帜鲜明。

正因为中西方的文化差异，老外们常常听不懂中国人的"弦外之音"，很多中国人在和人交往时，也不懂一些"言外之意"……一头雾水的同时，单纯的小伙伴们只好说一句：城府太深！

"城府"确实深！

《红楼梦》里最不朽的形象之一，就是林黛玉了。大家印象中，林黛玉整天悲悲啼啼，才高命蹇（jiǎn），也许就因为她身上没有一点儿大家小姐的高冷傲娇，常常让人忽略了她的出身其实比薛宝钗还尊贵。

黛玉的母亲贾敏，是史老太君的独生女，出身于"白玉为堂金作马"

林黛玉——出身名门贵族

的贾家；她的父亲是姑苏才子林如海，祖上袭过列侯，还是全国高考的第三名（探花），被钦点为国家盐业专卖局局长（巡盐御史）。请注意，是关系国计民生的盐业！

看看林黛玉的出身：钟鸣鼎食还兼书香门第，要富有富，要贵有贵，要才有才，要财也有财！那一身遗世独立的气派绝不是一般空有几个闲钱的大富之家能包装出来的。不过她也确实命运多舛（chuǎn）。六岁时母亲去世，贾母怜惜她这位独生女的独生女，把她接到自己身边。

林黛玉进贾府，是《红楼梦》里的重头戏，随着她谨慎细致的视角，贾府的建筑布局、人物关系、人物性格，就这样纤毫毕现地呈现在我们眼前。于是，曹雪芹选择了这位六七岁的孤女，引领我们进行了一次贾府深度游……

黛玉的贾府巡游路线其实从她进入街市就开始了：她下了船上了轿，进入城中，从纱窗向外瞧，街市繁华，人烟鼎盛，非常繁华热闹，在这人气旺地又行走了一刻钟，就看见了街北蹲着两个大石狮子，三间兽头大门，门前列坐着十来个华冠丽服的仆役。正门之上有一匾，匾上大书"敕造宁国府"五个大字。

荣国府

宁国府

处于极旺之地的贾府的外观，在林黛玉的眼中，就是个"大"！大石狮子、兽头大门、匾上大书五个大字……那五个大字还有"敕造"。敕造，就是奉诏令建造，也就是皇帝封赐的。这表示贾府不但宏伟富丽，还有显赫高贵的社会地位。

随后林黛玉进了府，因为拜见人物的身份不同，开始了一连串行进路线：先到荣府西路贾母院，拜见贾府这位最尊贵的老大；又到东路贾赦院，去见她的大舅舅（不过这次没见到），贾赦的院子没有内部通道，先要从宁荣街进去，然后再到中路正院，再到紧邻正院的东侧王夫人居住的院落（王夫人是贾宝玉和皇妃贾元春之母，贾政的妻子，荣国府掌权管事的家长之一），最后再由王夫人院落后面转回到贾母院落的后院。贾母院落建筑的构成是典型的北京四合院的建筑格局，中轴线上的建筑一路从南到北是垂花门、穿堂、小小的三间厅、正面五间上房。结合后来王夫人的陪房周瑞家的婆娘给各院送宫花路线图，我们大致可以看出来：荣国府的院落主要是四路，中间一路是荣府正院，西路是贾母院，东路紧邻是王夫人院，这个院落是带有东跨院的，荣国府最东边的一路就是荣府的旧花园，当时是贾赦居住在此，而凤姐所居住的院落位于贾母后院旁边。

《红楼梦》中的贾府

而贾府主要的交通枢纽有两个：一个是位于贾母院后院和王夫人院后

院之间的南北宽夹道。这条夹道联系着《红楼梦》中的三个重要人物：贾母、王夫人、凤姐；另一条是位于王夫人居住的东跨院与梨香院之间的一条南北走向的夹道，联系着王夫人和薛姨妈。《红楼梦》中的各色人物主要就是在这两条路线上走动，到达各院的。

贾府的宅第规模格局就是古代大型府邸的代表。

什么是府呢？"府"由"广"（yǎn，表示房屋、处所）和"付"（表示上交）组成，指的就是官方收缴、存放财物或文书的地方，例如府库、府藏。"府"从府库的意思延伸到管理财货或文书的官吏，又引申到官府。

诸葛亮在《出师表》中说："宫中府中，俱为一体。"说的是皇宫中和朝廷中，本来都是一个整体，奖惩功过，不应在宫中或朝廷中而不同。这里的府就仅次于宫，说的是大官们。那么，谁的住处可以称为"府"？首先肯定是达官贵人。比如王府，就是有王爵封号的人的住宅；府寺，就是古代公卿的官舍；再比如前面说的林黛玉进贾府，荣国府、宁国府，那都是和朝廷息息相关的达官贵人居所，才能称之为"府"。地方行政长官的官邸也可以称"府"，远点的比如老北京顺天府、包青天所在的开封府；近点的比如军阀张作霖的大帅府。

顺天府

开封府

明朝的顺天府，就是北平、京师，是首都的最高地方行政机关，所以

一字知礼

顺天府府尹的职位特别显赫，品级为正三品（高出一般知府二到三级），兼管大臣都是尚书、侍郎级的。一般的正三品衙门用铜印，只有顺天府用银印。

当年顺天府大堂还是元代所建，就在现在的鼓楼东大街路北。七百多年前，元建都北京，买了一个周姓人家的19亩地，建起了这座署衙。这19亩地是什么概念呢？1亩地是666.7平方米，19亩就是12667平方米啊！如果你家有100平方米，那顺天府就比126个你家加在一起还要大！

经过明代重修后，顺天府有正堂、后堂各五间，中堂三间。前面大门三重，每重三间，加上东西配房等共五十八间。这里要科普一个重要概念，那就是"堂"。

"堂"由"土"和"尚"（代指上）组成，表示用土建筑的高大土台，在其上建筑的正房也称为"堂"。

敬爱堂

天王殿

周庄堂屋

"堂"是正屋，庄重大方的地方就是"堂"。所以像堂一样有威严、行事方正敞亮的君子就是堂堂大丈夫；像堂一样公然的、明显的，就是堂而皇之。

我们常说"殿堂"，在汉朝以前，堂就是殿，殿就是堂。后来有了区分：殿，堂之高大者也（《说文古本考》）。其实殿堂是中国古代建筑群中的最主体建筑，它包括殿和堂两类形式，殿是为宫室、礼制和宗教建筑所专用；堂，则主要用于祭祀祖先。在正厅祭祀祖先的事，就叫做堂事。

通过对"堂"的解释，你就会明白，什么是堂亲，什么是表亲了。因为堂很早时候是祭祀先祖的，所以堂亲就是同一祠堂的族人，比如父亲那边的兄弟姐妹，都是和你一个姓的，是一个先祖；和你不同姓的亲戚就是表亲，因为"表"即是"外"的意思，汉族传统是女性总是要"外"嫁，所以对同属一个家庭成员中的女性（母）或曾是本家庭成员中的女性（姑）的亲属便以"表"相称，就像客人一样，比如表叔、表兄弟姐妹、表舅、表姑……

堂的左右有序、有夹，室的两旁有房、有厢，这样有堂有室有序的一组建筑又可以统称为堂。这样看来，堂确实很强大吧？

在古代的家庭里，父母的居室一般被称为堂屋，是处于一家居正中的位置，而堂屋的地面和屋顶都要比其他房间高一些，所以古代的子辈为尊重父母，在外人面前要尊称父母为"高堂"。李白的《送张秀才从军》里就有"抱剑辞高堂，将投崔将军。"而妻子离开正房堂屋，比如被丈夫休了，或者自己主动请求离去，就叫做"下堂"。

《后汉书》里有句著名的话："贫贱之交不可忘，糟糠之妻不下堂。"这还是东汉初年的很有趣的故事……东汉光武帝刘秀看中了西汉时期的侍中宋弘，还给他升官加薪。同时，刘秀守寡的姐姐湖阳公主也看上了宋弘（这姐弟俩眼光好一致），刘秀想把姐姐许配给宋弘为妻，但是他没好意思明说，一次闲聊时便侧面询问宋弘："我听说有的人地位高了就要更换朋友，钱财多了就要另娶妻子，这是人之常情吗？"宋弘要是接过这话，直接回答："是。"这桩美事也就达成了。不过宋弘却不是这样回答的（如果他是这么没水准，估计这姐弟俩也看不上他）。宋弘回绝道："我就听说贫贱时的朋友不可忘记，在一起受过苦难的妻子不能休弃。"

这就是"贫贱之交不可忘，糟糠之妻不下堂。"刘秀一听，宋弘这是不肯休妻啊，只好劝湖阳公主放弃打宋弘的主意。

宋弘婉拒东汉光武帝刘秀为姐姐提亲

话说回来，虽然荣国府和宁国府是虚构的，但北京鼓楼东大街的顺天府却是真实的，而且也没有完全被历史湮没。改革开放以后，北京开展了大规模的城市建设。但幸运的是，顺天府大堂一直被保留着，变成了"府学胡同小学"。想当年，这里曾是决定着多少人命运的地方，而现在变成教育机构，它依然能够决定人们的命运，只不过前者决定生死，后者决定前途。

从城府到堂室，其实是一种秩序。这种秩序是社会环境的稳定、人际关系的有序，进而使整个社会都处于有序的状态。从建筑的结构、色彩、高度，甚至是建筑套件之间的相互关系，处处都能体现着这种尊卑有序、天人合一。

社交中该有的城府

在社会交往中，有"城府"并不是"沉默是金"，也不是"见人只说三分话"，就像建筑中的城府内外格局兼备，人的城府也应该是有格局的。

什么样的城府才算是有格局又得体的呢？

首先要沉稳。不要随便显露你的情绪，也不要逢人就说你的困难和遭遇，更不要一有机会就唠叨你的不满。毕竟大家都不喜欢满满负能量的人。还有，做不到的事情不要说，说了就努力做到；虚的口号或标语不要常挂嘴上；理智地判断，学会控制情绪。

在征询别人意见之前，自己先思考，但要耐心听完别人的想法；讲话别慌张，也不要一副拽拽的样子，人无高低，对人对事，别忘了礼貌。

城府也需要胆识和担当。不要常用"不行吧"等缺乏自信的词句，也不要常常反悔，轻易推翻已经决定的事；在众人争执不休时，要有自己的主见；检讨任何过失的时候，先从自身或自己人开始反省；就算周围整体氛围低迷不振，你也要乐观、阳光。做任何事情都要用心，不管有没有人在看着你。

城府还需要大度。做事要大方得体，胸怀宽广，不要对别人的小过失、小错误斤斤计较；学会分享，分享会使你的视角更广阔，成就更高。

最后，别耍小聪明，停止一切"不道德"的手段。

门当户对

有位国际当红女星和国内一位男主持人恋爱，社会各界均不看好，都认为他们门不当户不对彼此不匹配，果然没过多久便传来两人分手的消息。男主持人在回应这一话题时，颇具深意地说了一句："精神上的门当户对很重要。"

明星八卦不重要，重要的是，现在的社会是多元的，年轻人也有多重选择。"门当户对"可以是经济上的，也可以是精神上的。

这就是时代的进步。

想当年，陈圆圆即使名动大江南北，就因为身份卑微，与看上她的每个人都不门当户对，注定当不了正室。

作为梨园女子，陈圆圆最好的命运也就是嫁人作妾。据说当时江阴有位财主贡修龄之子贡若甫以重金赎陈圆圆为妾，但因贡若甫的正妻容不下陈圆圆（都是美貌惹的祸），而且贡家的大家长也算是有远见的主，认定此女不凡，没让她还回赎金就放她走了。

本来陈圆圆还与冒襄有过一段情缘，结果还没等冒襄履约，陈圆圆就被外戚田弘遇劫持到京城，成为田弘遇家养戏班子的演员（也是没有人身自由的，主人可以随意买

吴三桂纳妾陈圆圆

字知系列丛书

卖）。后来，田弘遇为了结交握有重兵的吴三桂，邀请他到家里赴宴，让陈圆圆在酒宴上献艺。吴三桂瞬间就被陈圆圆迷住了，田弘遇便顺势把圆圆送给了吴三桂，陈圆圆就这样又成了吴三桂的妾。

李自成农民军攻占北京后，陈圆圆又被李自成部队的刘宗敏夺去了（被夺来夺去的命运啊）……吴三桂本来都想和李自成一伙了，听说陈圆圆遭劫，冲冠一怒为红颜，愤而降清，把李自成打得狼狈不堪，仓皇逃离北京。

在随后的日子里，吴三桂带着陈圆圆一路征战，渡黄河、入潼关、克西安、平李闯、定云南、驱永历，东征西伐，为清廷统一中国立下了汗马功劳。吴三桂平定云南后，陈圆圆就进了吴三桂的平西王府，虽然一度宠冠王府的后宫，但还是不能被吴三桂的正妻所容。她年老色衰后，干脆就念经礼佛去了。

一代红妆的传奇到这才算繁华落尽，平淡落幕。小妾当成她这样，绝对是千古一绝。为什么吴三桂都能为她改写历史，却不能给她一个妻子的名分呢？

下面，我们先看看什么是妻，什么是妾。

甲骨文的"妻"字，像女子用手梳理长发，表示结发为妻。以前村里的姑娘出嫁都要"上头"，就是把发辫盘起来打上网，用发笄（jī）固定，表示即将出嫁。

《说文》里是这样解释"妻"字的字形的：妻，与丈夫相齐配的妇人。字形采用"女"、"屮"、"又"会义。屮（chè）像草木初生，引申为草木制作的持家工具。"又"是从手字形演变来的，表示操持事务。整个字形表示操持事务是妻子的职责。不管怎么解读，"妻"都是和丈夫相匹配的人，和丈夫结发终生，管理内宅。

"妻"的别称很多。古代无论官职大小通称妻为"孺人"（孺指幼儿，在这里表示生育，是对妇人的尊称）。卿大夫的嫡妻称为"内子"（管理

一字知礼

127

内宅），泛指妻妾为"内人"（内宅的人）。妻还被称为"内助"，意思是帮助丈夫处理家庭内部事务。对妻子的美称"贤内助"就是这么来的。对别人谦称自己的妻子，就称为"拙内"、"贱内"。而在官职较高的阶层中对妻子的称呼却反映出等级制度来。汉代以后王公大臣的妻子称夫人；唐宋明清各朝，还对高官的母亲或妻子加封，称"诰命夫人"。

清代五品诰命夫人

妾又怎么讲呢？"妾"字也有不同的解读，一种是根据甲骨文字形会意。认为上面的"立"是从"辛"变来的，"辛"是从刑具变来的，"妾"就是因被俘或犯罪而被剥夺了自由，被迫为他人服务的女奴。

"辛"也可以从刑具理解为"权威"。"辛"与"女"合起来也可以表示"被威服的女子"，即服从正妻的女子。说明"妾"的家庭地位在正妻之下，受正妻管束。不管怎么解读，"妾"都脱不开地位的低下：是女奴、是服从正妻的。妾还有许多别称：小妻、下妻、次妻、庶妻、旁妻、小妇、如夫人、侧室、偏房、篷贱、属妇、逮妇、副室、副房、小老婆……从名称上，不管怎么看，地位和妻子都无法相比。

比较尊重一点的称妾为"如夫人"，也只是为了安慰小妾，大老爷称小妾为"如夫人"，字面上好像是说，你在我这里是"如"同"夫人"一样的；实际上呢，不过只是像夫人罢了，根本就不是夫人，要做夫人，可能性那是相当的小，为什么这么说呢？因为在古代的姻亲关系中，丈夫与正妻的娘家是亲家，但是跟妾的娘家根本不存在姻亲关系。很多朝代都明确规定，妾不能扶正。正室死后，丈夫再娶称作填房、续弦，仍旧要按照娶妻的礼仪来，而妾依旧是妾。当然了，任何制度都是有违规操作的，违背礼法把妾室扶正的事，有是有，但也是凤毛麟角。

比如《儒林外史》第五回里，王氏临死提出将赵氏扶正做个填房，这是正妻自己提出来的，严监生还要请两位舅爷同意呢！那两位舅爷最开始也不同意，最后还是收纳了严监生百两银钱，才松口答应。在这个故事中，王氏提

严监生向两位舅爷提出将妾室扶正做填房

出扶正赵氏，并且求得娘家舅爷的同意，相当于王家认赵氏为女儿，赵氏顶替了王氏，姻亲关系仍旧是严家和王家。所以下文中，赵氏与严监生又举行了结婚仪式，后来，严监生因病去世，严贡生为夺家产欺凌赵氏，赵氏便把王家的两位舅爷请来做靠山。

早在《谷梁传》里就有说："毋为妾为妻。"就是说，妾是没有资格扶正为妻的，有妾无妻的男人，仍是未婚的钻石王老五。而嫡妻死了，丈夫哪怕姬妾满室，也是无妻的鳏夫，要另寻良家聘娶嫡妻。《唐律疏议》明确规定："妾通买卖"、"以妾及客女为妻，徒一年半。"就是说，如果妻子死了，要把小妾升为妻的话，就是触犯了刑律，一旦事发，是要两口子一起服刑一年半的，而且服刑完了照样得离异。即使在早期的汉代，官员乱了妻妾位，也会被去除爵位。看看，小妾扶正是有多难！电视里那些男主人动不动就把小妾扶正的，放在真正的古代，早就被人把脊梁骨戳

一字知礼

烂了！吴三桂那么勇猛，那么宠陈圆圆，都敢背负卖国贼的骂名，也没说把她扶正。

　　古代的男人说是三妻四妾，其实是一夫一妻多妾。明媒正娶的原配正室妻子（也就是有资格住在正房的）只能有一个，正室去世后的续弦也是正室。就算是皇上，也只能有一个皇后。除了皇后，其他的妃嫔地位再高、再尊贵，说白了也只是妾。侧室（也就是妾）只能住在侧室或者偏房。侧室的地位比丫鬟、佣人高不了多少，侧室不能登堂入室，不能出席正式场合，甚至不能和正室及其子女同桌吃饭。如果侧室犯了错，可以被夫家和正室随意处置。这就是为什么陈圆圆即便如此受宠，贡若甫和吴三桂的正妻都容不下陈圆圆，她也只能做低伏小，不能去挑战正妻的权威。

陈家祠东偏门

　　侧室的娘家也不被夫家承认为亲家，侧室死后也不能像正室那样入族谱，更不能入祖坟。但是侧室的子女是入族谱的，不过地位不能与正妻所生的嫡出的子女相提并论，算是庶出。纳妾只需要从偏门抬进去就行了，而娶妻却是十分谨慎的行为，有一整套的程序。其中最重要的原则，就是门当户对。三国甚至从法律上禁止良贱通婚，否则会被称为"失类"。什么是门当户对呢？我们先看看"门"和"户"。

　　"门"字像门的样子，本义是双扇门；"户"字像门的一半，本义是单扇门。古时候一扇门板叫"户"，两扇门板叫"门"。

 在堂室东面的叫"户"，在宅区域的叫"门"。门当户对，其实是"门当"和"户对"，用它们代表财富地位，表示男婚女嫁时两家人家财富、地位相当。

汉族传统建筑门口，有一对相对放置、呈扁形的一对石墩或石鼓（因为鼓声宏阔威严、厉如雷霆，人们以为它能避鬼推崇），这就是门当，包括抱鼓石和一般门枕石。在古代，不同等级的家室，门当的等级也十分森严。

抱石鼓门当

石狮子门当

石鼓门当

门枕石门当

门当——门前左右的石墩或石鼓

户对——门楣上突出的木雕

比如皇族或官府的门前用狮子形的抱鼓石；高级武官的门前用抱鼓形狮子抱鼓石，低级武官的门前用抱鼓形有兽头的抱鼓石；高级文官的门前用箱形有狮子的抱鼓石，低级文官用箱形有雕饰的抱鼓石；大富豪的门前用箱形无雕饰的抱鼓石，富豪则用石制抱鼓石，而对于普通民宅，就只能用木质方门墩或门枕石来代替了。

门当形状的圆形和方形是有讲究的：圆形为武官，象征战鼓；方形为文官，代表砚台。

户对，与门当相对，是门楣上突出的柱形木雕或砖雕，上面大多刻有瑞兽珍禽类的图案（通常一尺左右）。因为它们是成双数出现，所以叫"户对"。

"户对"大小与官品大小成正比。简单来说，门楣上有两个户对的，对应的是五至七品官员；门楣上有四个户对的，对应四品以上官员；至于十二个户对的，那只能是亲王以上的品级才能用。换句话说，即便是皇亲国戚，不是封王的也不敢嵌十二个户对。

有"门当"的宅院，必须有"户对"，这一方面为了建筑上的和谐审美，一方面也是传统理念、宗族伦理的体现。"门当户对"常常同呼并称，后来门当的"当"隐含了"相当"的意思，户对的"对"变成了"对应"

的意思，就演变成男女婚嫁衡量条件的常用语。

"门当户对"虽然被现代价值观不断抨击，阻碍自由什么的，仔细想来，门当户对也并非没有道理。婚姻不仅是两个人的事，也是两个家庭的事。家庭氛围、生活方式和文化是一个家族一代一代沿袭下来的。两个家庭如果有相近的生活习惯和价值观，才会更和谐，磨合起来也容易得多，也会让婚姻保持持久的生命力。

本文开头的那位男主持人，也对他说的"精神上的门当户对"作了展开："两个人对生活的一种理念、态度，至少是在一个频道上相互之间的沟通和理解。两个人想要什么状态的生活目标是一致的。如果两个人始终没有办法去营造一个大家共同期待的生活状态和环境，那可能就会有问题。"

这种层面的"门当户对"，还是蛮重要的。

知礼贴士

做客礼仪

不管门户当不当、对不对，两个人相处到了一定程度，几乎都要面对要去对方家拜访的情况。去朋友家做客，尤其是初次去男女朋友家登门拜访，该注意哪些问题呢？

首先要在做客前，提前做些准备。比如向朋友了解一下其家庭成员兴趣、经历、性格等，熟悉情况，交谈时也能有的放矢，会更加自信真诚，落落大方。

拜访前要提前约好时间，并精心准备适当的礼物。这不仅表明你对长辈的尊敬，更是你对会面的重视。

拜访要守时，衣着整洁干净。进门前先轻声敲门或轻按门铃，等到主人招呼进门后方可入内。进门后，向主人及其在场家人问好，如有其他客人在场，也应问好。

　　进门后，要跟在主人身后走动，在指定座位落座；参观也要在主人引导下进行，未经主人邀请或许可，不能进入卧室或其他私密空间。

　　落座交谈时，要注意倾听，不可独自滔滔不绝，回答问题要诚恳大方；交谈冷场时要积极引出话题，可以从对方熟悉又不敏感的话题入手，比如新闻、饮食、健康。

　　告辞时，要对主人及其在场家人的接待表示感谢。出门后，主动请主人"留步"。

　　去朋友家登门拜访，是要和他（她）的家人会面，你的首要互动对象不是你的朋友，而是你朋友的家人，你的朋友可以成为话题，却不能成为互动的主角。在他（她）的家人面前，和你朋友过分亲密也是不合适的。

　　总之，就是要足够尊重对方，足够真诚，足够有礼。

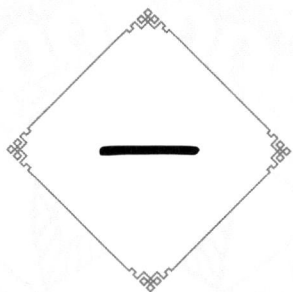

一 木 机 禮

一 行 知 礼

【顶天立地】

【这一拜】

【别说你会走路】

顶天立地

无论是空姐、高姐（高铁乘务员），还是重大国际会议和赛事的礼宾人员，在人们眼中总保持着规范标准、亲切高效、高贵优雅的职业形象。这气质并不是与生俱来的，而是经过非常严格的服务礼仪训练塑造而成的。

就拿最平常的站立来说，他们能做到站在那儿头上能顶一摞书本，两膝之间能牢牢夹住一张 A4 纸……

这得站得多直!

气质就是这样炼成的!

话说那一年，项羽看不惯平民出身的刘邦还想做大王，设下鸿门宴要杀刘邦，命项庄舞剑伺机下手。张良一看来者不善，就赶紧出门来找到猛人樊哙前去救场。

樊哙一听就怒了："这还得了？这不就是行刺吗？"二话没说就闯了进去。樊哙闯进宴会厅，那个出场形象可真够可怕的!"瞋目视项王，头发上指，目眦尽裂。"（《史记·项羽本纪》）头发一根

樊哙愤怒闯进，项羽跽地按剑质问。

根向上竖起来，使劲儿地瞪着项羽，眼眶瞪到要裂开……

即便是身经百战的项羽，乍看一眼，也是一激灵。项王按剑而跽地质问："客何为者？"（你谁啊？干什么的？）请注意项羽的这个动作——跽。跽是一个什么样的动作呢？

跽（jì），跪时两膝着地，上身挺直。这时身体看起来像加长了一样，所以又叫"长跪"。有时候半跪、单膝着地也可以称为"跽"。

跽是将要站立的准备姿势，往往表示跽者将有所作为。

项羽看到樊哙这个吓人的样子，立即作出"跽"的动作，而且还是按剑而跽，随时准备自卫。项羽的快速反应充分折射了他是一位军事家的素质。一个"跽"字，就把项羽的警惕状态描写得入木三分。

樊哙对自己的出场方式很满意，又疾言厉色了一把，项羽看罢，心想："这不正是自己年轻时的血气方刚的样子嘛！"便惺惺相惜地坐了回去，没有按照跽的势头站起来。如果项羽突然发飙，跽而后立，那樊哙十有八九要被"咔嚓"了，刘邦也好不了哪儿去，鸿门宴和楚汉相争的结局就要被改写了。由此可见，坐下去和站起来，效果是多么不同啊！

甲骨文的"立"，就像一个人站在地上，下面的一横表示地面。"立"的本义就是笔直地站立。人和其他动物的区别之一，就是"人"是站立的人。

"人"的字形也是站立的人。站立使人能运用双手，运用双手就会使人更具有创造力，这是人区别于动物的地方，人类就是这样用自己的智慧创造了文明。可以说，站立是人类文明的开始……

有了"立"，加个声旁"占"，就成了"站"。一般来说，站也是立，立也是站。站和立有什么微妙的不同呢？

南朝梁画家萧绎作《职贡图》，神态各异的站立图（前半部）。

南朝梁画家萧绎作《职贡图》，神态各异的站立图（后半部）。

站，只要是站着就可以，不讲站姿，也可以变换姿势；立就不行了：立，不但必须得站着，而且还要站直，对站姿有一定的要求，要不然我们常见的那个口令为什么叫"立正"，而不叫"站正"呢！所以"立"就是好好站着。怎样叫好好站呢？

古人讲究"立毋跛"（"立毋跛，坐毋箕。"——《礼记·曲礼》），就是站在那里不要把重心放在一只脚上，像是跛脚站着一样，立的第一步就是好好站，有个直立的样子。

好好站的第二步就是看眼神儿。士兵立正的时候，眼睛绝不到处乱瞄，眼神的平直，也是"立"正的一部分。

138

你看"直"这个字：甲骨文的"直"，就是在眼睛上加一竖线，表示目光向正前方看，古人很早就已经知道视线是直的，因为光线就是直线传播的。就是我们现在，看看国旗护卫队，看看阅兵式，你就会发现，最好的站姿仍旧是承袭了立之正。

立的时候视线要平直，和人说话的时候眼睛虽然不好直勾勾，也不要歪着身子，一定要端端正正的（立必正方，不倾听）；别人给东西的时候站着给你，那你就别坐着，但是别人给你东西的时候是坐着的，那你就不能站着去接别人给的东西（授立不跪，授坐不立）。如果能在站立和视线的放置上做到这样，你想不招人喜欢都难。

立正站直，是对自己的尊重；视线平直，是对他人的尊重。这样平等互敬的站立原则是不是对我们现在也很受用？

西汉有个天才，叫贾谊，他的一生并不长，只活到32岁，却在文学史上留下了光辉的一笔。贾谊21岁就做了最年轻的博士（学问官，相当于资深教授），才华横溢到令人发指，而且还是个"工作狂"！（大师都这样玩儿命工作，还让不让我们这些普通人活了？）

贾谊向汉文帝提出改革礼仪制度

汉文帝刚登基，贾谊就提议进行礼制改革，还设计了一整套礼仪制度，虽然当时文帝因为太忙没顾上，但贾谊的《容经》（出自贾谊《新书》的内容之一）却被后世的礼制推崇。《容经》第一次把"站姿"纳入系统行为规范，里面把站姿分为四种，分别是经立、共立、肃立、卑立。那么，这些站姿究竟是什么样子的呢？

经立，得弄明白"经"。

"经"字是由"糸"和"巠"组成，"糸"是指丝线；"巠"既是声旁也是形旁，表示绷直、笔直、僵直。"经"的本义就是纺织机上等排列纵向的绷紧的丝线，可以供纬线穿梭

交织。

因为经线是纬线的标准，所以作为思想、道德、行为等标准的书，就被称为"经书"；具有典范性、权威性、经久不衰的万世之作，就被称为"经典"。"五经"既是经书，也是经典，是儒家作为研究基础的五本经典书籍（《诗经》《尚书》《礼记》《周易》《春秋》）。

从"经"字上，就可以看出"经立"的标准：经立，就是眼睛向前看，视线要直，不要随便乱瞄；肩部放平整，腰部挺直了；两个手臂在腹部前方自然环绕，如同怀里抱了一个鼓，下面两个脚的距离大约为二寸（汉代的二寸要比现在的二寸短一些），把冠帽带子都弄整齐了，稍稍提臀，胳膊不要晃来晃去的，

秦始皇兵马俑经立站姿图

这就是经立的姿势了。秦兵马俑中的步兵俑大多是经立的站姿，就是陪葬也要站得正式。

共立，也可以叫做恭立。"恭"下面的"灬"是"心"字的变形，表示恭敬是心里发出的敬意。看看《先师孔子行教像》：孔子双手相交，身体微微前倾来表达敬意，就是一种典型的"共立"。

在这我们要插播一种古代乐器，叫石磬，通常和编钟一起，成套出现。石磬的角度是135度，共立就以此为标准：稍稍弯腰，上

孔子行教像——共立而站

身和下身形成的角度接近135度，头部低垂，这样就形成"共立"了（"以微磬曰共立。"——《容经》）。如果身前站着一个人的话，眼睛能看到对方的膝盖位置就差不多了。

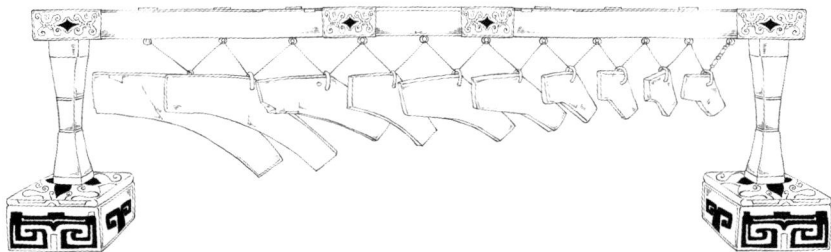

战国时期的乐器——石磬

"肃立"恰恰是弯腰度数必须至少达到135度（"以磬折曰肃立。"——《容经》），"肃"是恭敬严正，"肃然"是恭敬的样子，"肃立"是很恭敬的站姿，只有见到国君诸侯，与自己地位悬殊较大的情况下，才会使用到这样的站立姿势。

"卑"是谦卑，所以，卑立的弯腰程度比肃立还要大：肃立的角度是90度到135度之间，而卑立的度数必须小于90度。古人常常在腰间佩戴玉佩，要让腰间的玉佩能够垂直落下来，可见弯腰的程度多不一般（"以垂佩曰卑立。"《容经》）。

想必谁也没想到站立也会有这么大的学问吧？人类在生理上，和其他动物相比，实在没有任何优势。为了增强对环境的适应，人类选择了大脑进化的道路。通过站立把手解放出来，无论是为了制造和利用工具，还是为了节省能量，都更加方便而有效。

从人类"立"于大地之始，就揭开了伟大文明的序幕。从立到立容，不同的站姿体现不同的地位、精神和情感。从此，站姿伴随着人类走向了社会化的道路。

141

站立不仅是人类进化的选择，也是人类社会化的必然结果。

知礼贴士

什么样的站姿才标准

　　站姿是我们在日常生活中最常见最普通的姿势。它能体现你的修养，也能泄露你的底气。那么在社交场合中，什么样的站姿才标准呢？

　　正确的站姿就是我们常说的"站如松"：昂头挺胸，头要正，颈要挺直，双肩展开向下沉；腹部收起，腰杆立直，臀部提起；两腿要向中间并拢，膝盖放直，重心靠近前脚掌。男士可以适当把两脚分开一些，尽量和肩膀在一个宽度上；女士要把四根手指并拢，呈虎口式张开，右手覆盖在左手上，拇指互相交叉，脚跟互靠，脚尖分开，呈Ⅴ型站立；如果是穿旗袍的女士，可以站成丁字状，下颌稍微收一下，双手交叉着放在肚脐左右，显得娴雅大方。

　　站立时不要弓着背，眼睛不要斜视，肩膀不要一边高一边低，双肩或腿不要胡乱抖动，双手别叉在腰间，也别抱在胸前，也不能背在身后，会显得粗鲁傲慢；也不要把双手插在裤兜里，显得过于随便，有失风度和庄重。

　　只要是适合的场合，站立时要尽量保持微笑。

　　因为，愉悦友好的姿态可以提升自己，也可以感染他人。

这一拜

婚礼是一个人一生中最重要的仪式。在西式婚礼流行中国多年之后，中式传统婚礼又逐渐升温。新人穿着大红的喜服，系着大红花，新娘蒙着红盖头，和新郎一起拜天地拜高堂，叩首奉茶……

这样的婚礼虽说是中式，但大多数还是经过现代加工了。真正的传统婚礼，重头戏不是用言语表达的誓言，而是三拜定终生：一拜天地，二拜高堂，夫妻对拜，送入洞房。

西晋有一个徐州刺史叫王浑，在出身名门的原配妻子死后，续弦又娶了一个老婆，叫颜氏，是位平民女子。本来，他们拜堂的时候，颜氏要跪拜王浑，然后王浑再准备答拜。这时，有人就对王浑说：你是一个州级高官，怎么可以答拜她呢？王浑一听这话觉得很有道理，就没有答拜（果然很浑）。颜氏见状很生气，这也未免太打脸了，并且终生引以为耻。

按理说，颜氏是个平民女子，能攀上高官就已经很不错了，为何要纠结这个"拜"呢？

"拜"是尊重的体现。"拜"字的左右两边，可以看作左右两只手，两手下垂，贴到地面，就是拜（古字有说像用手贴地拔草）。古人认为，不跪不叫拜。拜，在古代就是行敬礼的意思。

古代结婚也叫"拜天地"、"拜堂"，要设香案、点花烛，地上要铺红布，夫妻要郑重其事地下跪、磕头。

一拜天地，就是拜谢和敬告天地神灵——我们俩结婚了，让天地神灵为新人的婚姻祝福；二拜高堂，是感谢父母的养育之恩，让双方的父母接受新人成为家庭的一员，从此两家变成一家；夫妻对拜，表示夫妻从此互敬互爱，携手一生。

古代结婚行拜堂礼——夫妻对拜

看到了吧，几拜下来，逻辑清楚，重点突出，主次分明。双方没说一句话，却把庄重、感激、欢喜、尊敬、憧憬、祝愿……表达得淋漓尽致，所有的誓言和希望都凝结在这深深一拜中。

一九九五版电视剧《三国演义》中，刘备、关羽、张飞在桃园，备下乌牛白马，祭告天地，焚香拜把子，结为异姓兄弟。背景音乐就是《这一拜》：

这一拜，

春风得意遇知音，

桃花也含笑映祭台；

这一拜，

报国安邦志慷慨，

建功立业展雄才。

这一拜，

忠肝义胆，

患难相随誓不分开；

这一拜，

生死不改，

天地日月壮我情怀……

那首乐曲配着庄重结拜的
画面，让人豪情顿起、热泪盈
眶。这一拜，拜天地、拜知己，

桃园三结义——吉拜礼

拜的是慷慨之志。这是雄才大略的刘关张立下的生死不弃的誓言。

这次划时代的结拜直接催生了拜把子的流行。结拜贯穿着儒家"义"
的思想，用"礼"的形式表达，是一种友情升华为亲情的特殊人际关系。

从周代开始，拜礼有九种：稽首、顿首、空首、振动、吉拜、凶拜、
奇拜、褒拜、肃拜。

顿首礼

凶拜礼

九拜中最重的礼节就是稽首。

稽（jī），"禾"像一棵穗儿低垂的谷物，"尤"有迟滞、
停滞的含义，"旨"是声旁。"稽"的本义就是停留、阻滞。
稽留就是停留，稽迟就是延迟……

稽首之所以叫稽首，要点就是叩首到地要稽留多时。只不过这时候虽然"稽"也是停留的意思，却有个专属读音（qǐ），只有在作稽首大礼才读这个音，为稽首单独设音，可见古人对稽首有多重视。

稽首的动作要领是这样的：拜者必须屈膝跪地，左手按右手，支撑在地上，然后，缓缓叩首到地，稽留多时，手在膝前，头在手后（类似佛教中的最大礼"五体投地"）。

稽首礼——拜见恩师行稽首大礼

稽首主要用在臣子拜见君王。后来，天子拜神灵、新婚夫妇拜天地父母、民间拜天拜神、拜祖拜庙、拜师、拜墓等也都用稽首大礼。

顿首就是叩首。"顿"由"屯"和"页"组成，"屯"原指种子向下扎根，"页"指人的头部，头部向下碰触地面即为叩首。和稽首动作相似，但是比稽首礼轻，区别就在叩首的时间长短，"顿"是短暂停顿，"稽"是稽留多时再起来。

顿首一般用于下对上的敬礼，后来也用于书信中的起头或末尾，表示对人家恭敬。李陵《答苏武书》末尾就称"李陵顿首"。

空首也是男子跪拜礼的一种，先秦时用于君主对臣下的回礼。具体动作是"跪而拱手，而头俯至于手，与心平"（段玉裁语）。

振动呢？"战栗变动之拜"（郑玄语），这是丧礼相见中最隆重的跪拜礼节。动作要领是：两手相击，振动其身而后拜，拜而后踊。"踊"就是顿足、跳跃，是丧礼中最哀恸(tòng)的表现，以示极度悲哀。

古人有守丧三年的礼俗，拜礼也有吉凶之分，吉事为吉拜，凶事为凶拜。"吉拜，拜而后稽颡(sǎng)。"（郑玄语）就是说先"空首"拜，再"顿首"拜，丧家一般在三年居丧期内以此礼答拜宾客，表示悲痛和感谢。郑玄说的"颡"，就是额头、脑门儿，稽颡就是屈膝下拜，以额触地，是居丧、请罪、投降时常用的。

空首礼——大臣朝拜君王时行空首礼

吉拜时男性右手握拳，左手成掌，对右拳或包或盖；凶拜反之：右手成掌，左手握拳。这两种"拜礼"也分男女，女性的手势和男性手势是相反的。

吉拜、凶拜顺序相反，奇(jī)拜、褒(bāo)拜却是指次数的不同。

奇数是单数，奇拜，就是一拜；褒拜是为回报他人行礼的再拜，也称"报拜"。古代以再拜为重，奇拜不出奇，再拜（褒拜）很重要。

肃拜，是古代女子跪拜礼的一种。"肃"强调手的动作，拜时双膝跪地后，两手先到地，再拱手，同时低下头去，不用叩头。妇女行礼也称"端肃"，就是源于肃拜。不过"肃拜"也不是女子专属，军中男儿也用肃拜礼，那是因为将士披甲，不方便其他拜法。

席地而坐的时代，礼节颇多，人们三叩九拜也是平常事。结婚要拜、

结义要拜、认师傅要拜、
礼佛要拜、小官见大官
要拜、幼者见长者要拜、
迎送宾客要拜、朋友见
面要拜，甚至男女私奔
那么惊险抢时间的事，
翻墙接头成功也要相互
先拜……真是醉了！

肃拜礼——女子跪拜礼

但是，这种情况到了宋代就有了明显的不同，因为宋代椅子开始流行了……

席地而坐的时候，本来身体重心就低，甚至是直接跪着的，作个跪拜礼也不是什么难事儿。可是到了宋代，人们普遍坐在椅子上，再低下来就不那么容易了，揖礼变多了，跪拜礼变少了，"拜"却因为这样变得礼数更重了。

在人生大事上，比如传统婚礼或亲人亡故，深深一"拜"，仍然可以帮我们表达言语无法表达的、最深重的情感。就算是在现代，你想要学传统曲艺，也还得按老规矩来：不但要这样正正经经拜师，还要看祖师爷赏不赏你这碗饭吃。这样，你才会加倍珍惜来之不易的机会，把自己置身在天地、祖宗、同行、师门、受众……众多监督之下，更会勤于修身约束自己，轻易就不会做有辱师门自毁前程的事。

"拜"是由心到身再到心的尊敬。现在的"拜"，礼数和修养的体现已经越来越少，更多的是一种选择：拜金拜神拜自己，由我做主！

但不管拜不拜，拜什么，对世界有敬意，对自己有约束，敬人敬己，总是好的。

参加婚礼的礼仪

举办婚礼是一个人的人生大事，也是最注重礼数的仪式之一。那么我们在参加婚礼时，要注意哪些礼仪呢？

新人一般会在婚礼前几天递出请柬，收到请柬后，要马上打电话或回函给对方，先说声"恭喜"，然后再告知对方你能否出席，方便对方掌握正确的出席人数。

参加婚礼时，尽量穿套装或洋装，不要过于休闲或过于沉重，款式和颜色尽量不与新娘或新郎相同或相似。男士穿深色服装时，最好要有黑色袜子与皮鞋来搭配；女士穿套装为宜，但色彩与鲜艳程度不可超过新娘。去参加婚礼，是去衬托新人的，我们做好绿叶就是了。

出席喜宴要提前半小时到达，而且要整理一下仪容，不要匆匆忙忙地赶到，显得失礼。在接待柜前先将准备好的红包交给接待人员，并签名写上祝贺的话。如果是亲自将红包交给新人，要正面朝上递给对方，顺便说些祝福的话。

另外在婚礼进行时不要大喊大叫；入座时要先跟邻席的人打招呼或表示友好；使用餐具要格外小心，新人都忌讳婚礼上打碎东西；迟到和早退要事先通知新人或新人亲友。

别说你会走路

　　人类已经走了几千年的路，但很多人只是会走，却不见得会走路。你一定见过在路上这样走的：

　　两三个人横排霸占着整条人行道，边走边聊还手舞足蹈，后面的人无论从哪儿都超不过去；人行道上，有靠左走的也有靠右走的，还有忽左忽右的，迎面过来一个人，一不小心就会撞上；另外还有很多人放着平路不走专走盲道，更别说有的人眼里根本没有红绿灯……

　　各行其道，是最基本的秩序。会好好走路，也是一种修养。

　　这种不讲规则的走法若在古代，麻烦可不小。

　　相反，掌握了走路的门道，还能做成国家大事！

　　公元前 266 年，对赵国来说是一个倒霉年。

　　就在这一年，赵国的国君赵惠文王去世了，太子丹即位，就是赵孝成王。但是刚即位的赵丹还没成年，国家大事就由他的母亲——新晋太后赵威太后代理。

　　只是赵威后刚刚执政，秦国就趁着赵国忙于政权交替，大举攻赵，一口气占领了赵国三座城。

　　对此，赵太后恨得牙痒痒，只好向关系还不错的齐国求救。齐国也不是省油的灯：出兵可以，但是你得把儿子长安君送给我做人质（意思是不能白帮你，你也没啥值钱的了，就拿儿子抵押吧！）。

　　赵太后一听，差点儿没气晕过去！沉重的压力之下终于离崩溃不远了：想让我的宝贝儿子当人质，等我死了再说！谁劝也不听，

字知系列丛书

后来干脆撒泼："如有再说让长安君做人质的，我吐他一脸唾沫（老妇必唾其面）！"

那怎么办啊？这人质长安君必须得当啊！要不赵国被这内忧外患一夹击，必定亡国啊！

这时候左师触龙出场了。请看他的出场动作（很关键）：

入而徐趋，至而自谢。

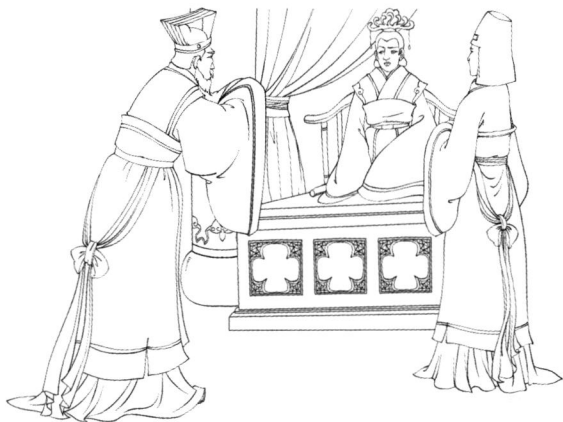

触龙拜见赵太后，徐趋而行。

什么是"趋"？

"趋"是形声字，"走"在古代指的就是跑，"刍"原指在地上薅草，因此有弯腰的含义。"趋"的本义就是弯腰小步快走。"趋"在一些古文里同"促"，表示短促、急速（是不是和小步快走的状态很贴合）。

"趋"到底是个什么样的状态和速度，有个人分得最清楚，他叫颜回，是孔子的得意学生。颜回有一次对孔子说："夫子步亦步，夫子趋亦趋，夫子驰亦驰；夫子奔逸绝

颜回对孔子说走路步法

151

尘，而回瞠（chēng）若乎后矣！"

这段是庄子写的，翻译过来就是：先生缓步我也缓步，先生急走我也急走，先生跑我也跑，先生快速奔跑，脚掌好像要离开地面一样，我就只能瞪大眼睛在后面看了。

这里的步、趋、驰、奔，是有速度上的递进的。"趋"在"步"和"驰"中间，接近于跑，但还没像马那么撒丫子跑。

再整体看下颜回的这句话，是不是感觉他说得还挺哀怨？该！谁让人家干什么你也干什么！"亦步亦趋"就是这么来的，比喻由于缺乏主张或为了讨好，事事模仿或追随别人。而赶不上别人，落在后面干瞪眼，也晋升为成语，就叫"瞠乎其后"，就是来自颜回的哀怨式终极感叹！

弄明白"趋"，我们再看触龙的出场动作"徐趋"，就容易理解了。

徐，就是慢慢地；趋，就是小步快走。"徐趋"就是用快走的姿势，慢步向前走。

为什么要走得这么纠结呢？这是因为古礼有规定：臣见君一定要快步往前走，否则就是失礼。触龙因为腿脚不好，不能快走，又要做出"趋"的姿势，只好"徐趋"。因为"趋"得不标准，见到赵太后首先得谢罪说："老臣的脚有毛病，不能快跑（曾不能疾走），真对不住！（顺势开启聊天模式）您腿脚还行啊？"

太后也聊上了："我腿脚也不行！还得靠人拉的车子才能行动（老妇恃辇而行）。"

触龙："那您得散步啊！我就散步！效果还真不

触龙和赵太后聊天说走路方式

错！"（乃自强步，日三四里）

以下省略聊饮食聊家常聊教育聊别国败家孩子等若干字。

触龙就这么把赵太后侃晕了，不聊不知道，一聊吓一跳：种种案例都表明惯子如杀子。于是赵太后豁出去了，说道："长安君你爱怎么处理就怎么处理吧！我不管了！"

看到了吧，还有谁比触龙更会聊天的吗？

之前之所以说触龙的出场动作很关键，那是因为这辣老姜借着走路（徐趋）就打开了聊天的大好局面！

我们再回放一下触龙和赵太后关于走路的聊天记录。

触龙："（徐趋后）老臣病足，曾不能疾走（老臣的脚有毛病，竟不能快跑）。"

太后："……老妇恃辇（niǎn）而行。"

触龙："……自强步（强迫自己散步），日三四里……"

发现了吗？他们在开聊第一回合，除了出场动作"趋"，又说了好几个腿部动作：走、行、步。

同样都和走路有关，但这三个字可有大大的不同！不知道它们的准确含义，你在古代就不会走路！

走，先看看金文的"走"，就像人摆动两臂跑步的样子，下面像人的脚，合起来表示人在跑。"走"的本义可不是慢慢地行走，而是"跑"哦！

行，在甲骨文里像四通八达的十字路口。"行"的本义就是行走的道路、行列（两个音都有了），后来引申指行走、前进。这个"行"，才是今天的"走"。

步，上面的"止"表示左脚，下面的"止"表示右脚，左右脚向前走动就是"步"行。从触龙的散步消食就可以知道，

古人的"步"，就是现代的散步。

所以，走不是随便就能走的。古人把走路分出很多种：两足进曰行，徐行曰步，疾行曰趋，疾趋曰走。（汉《释名·释姿容》）说白了，古代的"行"是今天的"走"；古代的"步"是现在的"散步"；古代的"趋"是现在的小步快走；古人如果说"走"，那就是今天的"跑"了。那古人的"跑"得有多快啊？

看看"跑"字就知道了："跑"是由"足"和"包"组成的形声字，"足"表示脚上的动作。实际上，"跑"的本义是走兽用脚刨地，等于"刨"，所以西湖那一眼有名的泉应该叫"虎跑（páo）泉"（神虎刨开的）。奔跑的"跑"是单脚支撑和腾空相交替，是蹬摆配合、脚下生风、动作协调的周期性运动。想想"虎跑泉"和"跑马山"，虎跑（páo）得有多狠啊！马跑（pǎo）得有多快啊！要"跑"就得是这种标准！

中国古代有一种神奇的灯笼叫走马灯。走马灯又叫跑马灯，灯里边是物理的世界：上有平放的叶轮，下有蜡烛。点上蜡烛后，产生的热力会形成气流，使轮轴转动。轮轴上有剪纸，烛光将剪纸的影投射在灯笼的屏幕上，图像就会不断走动。因为大多走马灯是在灯的各个面上绘制古代武将骑马的图画，而灯转动时，看起来好像几个人骑马你追我赶一样，所以叫它"走马灯"。

各种各样的跑马灯

字知系列丛书

各种各样的跑马灯

这灯实在是太高大上了！热气上升带动叶轮旋转，这就是活脱脱的现代燃气涡轮原理啊！而且成品是会动的画——这不就是动画片吗？电影才短短一百多年的历史，中国要是沿着走马灯的路走下去，别的不敢说，动画片能提前一千年！宋朝人就能看上动画电影《花木兰》什么的了！加上现场配乐配音即兴表演，后来的元杂剧能不能拼过它可就不一定了！

扯远了……

其实我们只是想说，古代的行走和现在的行走是不同的概念，因为古代的"走"对应现在的"跑"，所以走马灯就是跑马灯。而且何时该"行"，何时该"走"，古人是有严格讲究的。

先秦时期，古人已形成一套成熟的"行走礼仪"。《尔雅》里就有说："室中谓之时（时即跱，踟蹰、徘徊的意思），堂上谓之行，堂下谓之步，门外谓之趋，中庭谓之走，大路谓之奔。"简单说来，就是在不同的场合，要有不同的走法。

先秦时期正式场合正步走

过去的算命先生通过观察一个人的走路，就能推测这个人命运好坏。"是以贵人之行，如水而流下，身重而脚轻；小人之行，

如火炎上，身轻而脚重。"（《四库全书点·太清神鉴》）

就是说走路跟练武功不一样，练武功下盘要稳，走路上盘要稳，脚下要轻，别"咚咚咚"地我走了，正如我"咣咣咣"地来。古人走路讲究"轻贵重贱"，想高贵就先练猫步，但上身还得扎实，要不还以为是要做坏事怕人知道呢！"轻贵重贱"的走法还是要有一定技术含量的，看上身那沉稳劲儿还以为底盘多深，其实就是铁脚水上漂。

知礼贴士

走路的规矩

我国从古至今都讲究出行有"礼"，甚至历朝历代都有"交规"。走路虽然是日常行为，却也有许多基本礼仪要遵守。

首先当然要遵守行走规则。步行要走人行道，行人靠右，并且让出盲道。过马路要等红绿灯，走斑马线、天桥或地下通道，切记不要翻越绿化带、隔离栏。然后行走路线要固定，尽量走直线，不要在行进中来回晃，左顾右盼。行走时也不要吃东西，不要在路上久驻攀谈或是围观看热闹，更不能成群结队在街上喧哗打闹。

行走也要有风度。男女同行的时候，男士应该主动走在靠近街心的一边，让女士靠自己的右侧行走，把更安全的位置留给别人。恋人同行，不要勾肩搭背、搂搂抱抱，女士轻挽住男士手臂即可。

两人并行的时候，右者为尊；两人前后行的时候，前者为尊；三人并行，中者为尊，右边次之，左边更次之；三人前后行的时候，前者就是最为尊贵的。如果道路狭窄又有他人迎面走来时，则应该退至道边，请对方先走。

上下台阶的时候，要一步一阶，不要并排而行挡住后人，更不能推搡前面的行人或硬行抢道；上楼梯时，应让尊者或女士走在前面；下楼梯时，尊者或女士应走在后面一步之遥。

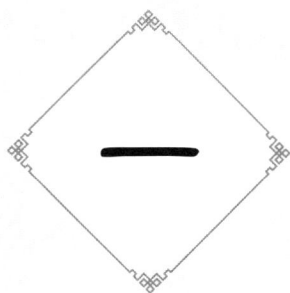

一

色

知

禮

一色知礼

[说不清的青]

[红尘赤色]

[天地玄黄]

[我是清白的]

[黑客帝国]

说不清的青

现在很多社交类网站或 APP 软件都会使用蓝绿色系图标，而通讯类应用程序开发者也都不约而同地选择了青色系作为主色，这是为什么呢？

因为蓝色和绿色都在青色系里。

绿色代表和平、轻松、健康；蓝色代表信任、可靠、清新；又蓝又绿的青色更是代表亲切、乐观、磊落、优雅……比较接近通讯软件给人的感觉。而且有统计说，青色系是消费者最喜欢的颜色，因为它看上去比较舒服，更容易被接受。

很神奇吧？

更神奇的还在后面。

话说有这么一天，宋朝专业文人、非专业皇帝宋徽宗做了个梦，梦到一种雨过天晴的颜色。

雨过天晴的颜色有什么稀奇的？

要单单只是说雨后天空，确实是没什么稀奇的。不过，宋徽宗

宋徽宗赵佶做梦

和南唐后主李煜是一个级别的文人皇帝，他当即作了一句诗：雨过天青云破处，

这般颜色做将来。

宋徽宗越想越觉得这句诗好！为了纪念这种只可意会不可言传的梦中颜色，他就命工匠赶紧烧出这种"天青色"的瓷器。

这传说中的"天青色"难倒了一堆顶尖工匠，负责烧瓷器的工匠头看着头上碧蓝碧蓝的天，想破了头，也想不明白天青色到底是什么颜色。直到有一天，他看到雨后的天空，既不是绿，也不是蓝，又好像在蓝绿之间，还透着澄澈的白，好像把白云糅进了蓝天里。就是这一瞬间，工匠头忽然明白了皇帝要的天青色到底是种什么样的颜色。瓷器烧好后，清冷高贵，朴素中透着耐看的质感。宋徽宗非常喜欢，这抹天青色也一举使"官窑汝窑"成为五大名窑之首（五大名窑：汝窑、官窑、哥窑、钧窑、定窑）。

汝窑就是以这天青釉色为标志颜色，被誉为"青如天、面如玉"。在不同的光照下和不同的角度观察，这种青色还会有不同的变化：光照充足的时候，它青中泛黄，好像雨后云开的晴空；而在光线暗淡的地方，颜色又是青中偏蓝，犹如清澈的湖水（其实是因为汝瓷玛瑙入釉，对光照产生不同的反射效果）。

宋代汝窑——天青色

"天青色"怎么说也还像白像蓝还像绿，"青天"可和绿色没一点关系，就是蓝天。像青天一样坦荡如洗、一派清风的官，就是清官。比如宋代的包拯"包青天"和明代的海瑞"海青天"。

还有那种戏剧和故事中常出现的画面：某某拦轿喊冤："青天大老爷！要为小民做主哇！"于是青天大老爷升堂办案，惩恶扬善，冤情昭雪，民愤平复……

这青天大老爷，也和中国传统的衙门壁画有关，一般衙门壁画都会体现正大光明的主题。比如日出东海，一看就是浩然正气，光芒四射，明察秋毫，在视觉上就能先让坏人胆儿颤。

"青"在我们的印象里，是大片的嫩绿：青草、踏青、青春……这青天为什么又变蓝天了呢？这还得从"青"的本意说起。"青"上面的部分是从"生"变来的，表示产生；下面的"月"是从矿井变来的。

"青"就表示一种产自矿井的东西。其实"青"字描述的就是青金石。青金石的蓝色很浓，古代人认为它"色相如天"，颜色像天空，很受皇帝的重视，天坛用的蓝色就是这种青金石提炼出来的。因为古代绘画常用青色和朱红色，所以人们把画也称为"丹青"（丹就是朱红色，也是从矿石中提取的）。

北京天坛

"青"的蓝色含义，不仅因为"青"的本义是蓝色的青金石，还因为古代的蓝色更多来自靛青。

看看"靛"这个字：就是由"青"和"定"组成，意思很明显：把青色定住。

从"靛"字里，我们就可以看到靛青提取的工序：将蓝草加工，提炼出蓝色溶液的精华，再用化学方法让这种颜色稳定，经久不褪色。蜡染就是用的这种靛青。青出于蓝而青于蓝，说的就是靛青是从蓝草里提炼出来的，但是颜色比蓝草更蓝，借指后人可以胜过前人。

话又说回来，"青"的本意既然是蓝色，那"青"能表示绿，又从何说起呢？

古代最正的颜色只有五种（青红黄白黑），青就是五色之一，还是排在首位的。"青"是象征东方的颜色，代表春天和生命，而"青"字上面的"生"是草木初生，草木初生的颜色，不就是绿色嘛！

在神话故事里，东方天帝是太昊伏羲，他听八方来风，画出了"八卦"；又模仿蜘蛛网，制作了捕鱼的网，是中华民族从原始状态步入文明时代的探路人。因为伏羲杰出的贡献，被人们神化为主管东方的天帝。阴阳五行学说流行后，由于东方主青色，行春令，东方天帝又称为青帝，青帝又被称为主管春天的神。

伏羲的属神就是木神句芒（勾芒），是管理农事的神。对句芒

青帝——伏羲天帝

神的祭祀，远在周朝时就有，祭祀的时候设有东堂，年年举行迎春仪式，这种风俗一直延续到清末民初。正因为"青"代表东方，而太子居住的地方称"东宫"（在皇宫东面），所以东宫也称"青宫"、"春宫"。"青"的绿色，又因为青史而不朽。

"青史"的"青"，指的是竹简（竹青），"史"是指历史或史书。在还没有发明纸张的古代，书籍大都是用竹简制成。竹简也就是串起来的竹片，古人将它们编联成形状像"册"字的书，用作书写，也用来记载历史，所以后世就以"青史"作为史书的代称。

名留青史，就是在历史上留下功名，永垂不朽。文天祥一句响当当的"人生自古谁无死，留取丹心照汗青。"一直雄霸各版本的语文教材。名留青史，在历史上给人物献以桂冠，是一个人的最高荣誉了。而"汗青"又是怎么来的呢？

竹子表面有一层竹青，竹青含水分，不易刻字，所以古人就将竹简放到火上炙烤。经过火烤处理的竹简就方便刻字了，而且还能防虫蛀。当时人们把这火烤的程序叫做"杀青"，也叫"汗青"。所以"汗青"就被后世引申比喻为史书。因为追求名留青史，白居易才会因为怀才不遇，借琵琶女的琴音写下"座中泣下谁最多？江州司马青衫湿。"（不过，后来白居易还是因为作诗名留青史了。）

唐朝青色官服

竹青色

按照唐朝的官服制度，文官八品、九品要穿青色官服。因为官职小，也用来借指失意的官员、微贱者的服色。不过，这"青"还是会继续变色的。在李白《将进酒》中，有"君不见，高堂明镜悲白发，朝如青丝暮成雪。"这里的"青丝"是指代黑发。李白还写过"云青青兮欲雨，水澹澹兮生烟。"这里的"云青青"是形容云黑沉沉的样子。青为什么又是黑色了呢？如果你身临其境看过蜡染就会明白，当蓝色很深的时候，是不是就很像黑色了？

中国古代文化中有着"尚青"的传统，而青色又是"大自然之色"。尚青，正是"天人合一"的自然观念的体现。

从青草到青丝，从丹青到靛青，从天青到青天，从青史到青楼……青从一种初生的黄绿色（艾青）、到竹青、青绿、深绿、天青、鸦青、浅蓝、靛青、深蓝、蓝黑、黑色……这个在光谱中波长为 500 ~ 470 纳米的颜色，在中国文化里却是要多少青，就有多少青！其他代表颜色的

青衫

单字只代表一个颜色，而"青"只用一个字，就能代表好几组色系……在颜色汉字里，"青"堪称是最玄妙最出神入化的字，没有之一。

知礼贴士

青色使用禁忌

青色在古代可以涵盖很多颜色，在现代大多数时候都代表蓝色或绿色。

如果你有个英国朋友，若送他一件精心挑选的绿色衣服，你的英国朋友一定很不高兴。

而如果把这件衣服送给阿拉伯朋友，相信他会很高兴。

同一件衣服，为什么送到不同人手里，差别这么大呢？

163

那是因为不同的国家和民族，对颜色的喜好是不一样的。

居住在沙漠里的阿拉伯人，把绿色当作生命的象征，还用在国旗上。绿色也是伊斯兰教的最爱，国旗上的橄榄绿在商业上是禁止使用的。埃及人喜欢绿色，讨厌蓝色，认为蓝色代表不幸。他们在表示不幸的一天时，称这一天是"黑色或蓝色的一天"。

英国人讨厌绿色，因为他们以橄榄色作为裹尸布的颜色。这样你就能理解为什么英国朋友不会喜欢被人家送绿衣服了。

比利时不管是蓝色还是绿色都不喜欢，尤其是墨绿色。因为在第二次世界大战期间，比利时曾饱受德国纳粹占领之苦，而纳粹的军服色就是墨绿色；比利时忌讳蓝色是因为他们认为蓝色代表不祥。

不仅仅是青色，不同颜色在不同的国家和民族都有说道，知道了颜色在使用上要注意的地方，你就能在社交中更好地把握颜色了。

红尘赤色

说起中国红，可能你会想到飘扬的五星红旗，想到故宫的朱红，想到浓烈血性的红高粱，想到新婚的红嫁衣，想到泪始干的红烛，想到朱砂和宫灯……但你不一定能想到，其实赫赫有名的中国红，还是一种瓷器。

据说呀，明宣宗朱瞻基当皇帝的时候，突然想要用一套鲜红色的瓷器祭奠日神，红瓷对应红日，很应景啊！有想法，那就赶紧烧吧！

大家能烧白瓷青瓷蓝瓷，哪烧过红瓷啊？景德镇的窑工们多次试验，就是烧不出来。皇帝那边催着，督窑官也急啊，放话说再烧不出来就都别活了。

一位老窑工的女儿翠兰，听到消息非常担心，跑到了御窑厂，看到父亲因为烧不出红瓷要被投入大牢。悲愤的翠兰纵身跳入熊熊的窑火中，用自己的生命抗议强权逼人太甚。

景德镇瓷窑

两天后，当窑工们打开翠兰焚身的窑炉时，惊奇地发现，烧成的陶坯呈现出鲜血一样的红色。红瓷烧出来了！人们说这是翠兰的血染红了陶坯，于是就把这种红色的陶瓷，称为"祭红"。

为了纪念以身祭窑的翠兰，窑工们后来在封窑门时，用砖砌成少女的形象，这个习俗一直延续到今天。

从那以后，历代皇帝都曾不惜财力烧制祭红，但是这种殷红色的瓷器，如同神话中的宝物一样，非常难得。就是在现在景德镇陶瓷馆的近万件藏品中，祭红也只有九件半！（其中一件明代宣德年间的祭红，收藏时只剩下了残缺的一半。）

"祭红"又称"霁红"，是说这种颜色"如朝霞霁色"。由于红色在高温条件下很容易分解，极不容易上色，千百年来红色的陶瓷烧制难度非常高。明朝宣德年后几百年间，一代又一代景德镇人，断断续续曾多次试烧这种红釉瓷器，但都没有烧出过当年那样的祭红。而且落选的瓷器皇帝不用，百姓当然也不能用这种红，只好打碎深埋。

祭红

这"千窑一宝"的中国红瓷，就简称"中国红"。

而作为颜色的中国红又是哪种红？

我们先看看什么是"红"。

红 "红"由"糸"（纟，表示丝线）和"工"（表示精致，也是声旁）组成，"红"就是染成浅赤色的高级丝帛。在古代红色象征富贵和喜庆。

作为颜色的中国红，可以追溯到古代对日神虔诚的膜拜。汉代时太阳（日）是国家图腾，因为太阳的颜色是红色，象征永恒、光明、繁盛，红色自然也就拥有了太阳的象征意义。当时，红色又称瑞色，象征喜庆吉祥，中国汉代最早的祭祀，婚嫁服饰

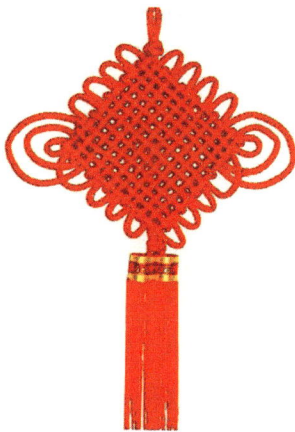

中国红——中国结

便称之为玄瑞（黑红），有深深的红色印记。

在中国，对太阳和火的崇拜在各个民族中延续了几千年，甚至在最早有限的甲骨文里，就已经有了"赤"。

在甲骨文中，"赤"由"大"（表示人）和"火"组成。上古时期，存在把人（通常是俘虏）放在火上焚烧的祭祀方式，这种祭祀方式就是赤，譬如，甲骨卜辞中有"贞勿赤"之说。"赤"又引申指火焰呈现出的红色。

汉朝红色官服

婴儿刚出生的时候身体也是红的，所以赤子就表示刚出生的婴儿。赤子之心，就是说人的心像初生婴儿一样纯正无邪；赤诚呢，就是心像赤子一样没有杂念，忠诚不贰。

金无足赤，可不是说金子没有红色的，这里的"赤"和赤子的"赤"一样，表示纯正；金无足赤，人无完人，说的就是金子没有太纯正的，人也没有十全十美的。

"赤"中有"火"，赤热就是像火一样炎热，在五个方位中，南方比较热，掌管南方的神叫炎帝（炎＝火上加火），也叫赤帝。辅佐他的，就是火神祝融。

一个"赤"是"大"、"火"，那两个"赤"呢？两个赤就是大火＋大火＝"赫"。从字形上就可以看出来，赫的本义就是火红色，只是这种火红色比赤色更显耀盛大。显赫，就是盛大显著；赫赫有名，就是名声非常非常大。是不是很符合"大火＋大火"？

青、赤、白、黑、黄，被认为是代表东、南、西、北、中和木、火、金、水、土的五方五行正色。夏朝流行黑色，殷商时期流行白色，周朝流行红色，

167

并给了红色正统地位。

五色一经诞生，就迅速融入古代社会生活，甚至王朝更替时，整个国家都为之"色变"。

秦始皇灭六国后，有人把邹衍的"五德终始说"上奏朝廷。说周朝既然是火德，秦朝可以采用周朝克不过的水德。秦始皇很高兴，就此施行了水德政令：崇尚黑色，改黄河水为德水，历史上第一个用五德理论治国的制度粉墨登场，中国的颜色革命也由此开始。

后来秦朝被起义军推翻覆灭了，刘邦建立了汉朝。这个时候问题就来了，秦朝是水德，汉朝是什么德呢？西汉从南方兴起，又崇拜日神，以火德自居，崇尚红色。公元 8 年 12 月，西汉外戚王氏家族的王莽取代汉朝建立了短命的新朝。忽然有一天，王莽听说汉宣帝陵园里有一件废弃的虎纹衣服，居然自己跑到外堂直立起来（好玄幻）……于是王莽就想多了：衣服也来作妖？别是西汉要复兴吧？左思右想不放心，连忙命所有身份地位低的官员统一穿红色衣服，来作贱一下红色。估计他心里是这么想的：你西汉不是尚红吗？红色了不起啊？我偏要贱红！让你起不了势！

后来，刘秀重新建立了汉朝，德性当然要继承前一个汉朝，于是刘秀继承了被王莽挤掉的前一个汉朝的火德。中国历史上各个朝代都是怎样颠来倒去的改国色就不用多说了。

最后一个五德终始说的信徒是做了 83 天皇帝的袁世凯，他翻出老黄历，追认明朝的火德，还尚红，结果很快在民国的五色旗飘扬中收场了。

五德生克图

字知系列丛书

历史上，有贱红举措的皇帝，也就数王莽一个了。

在唐代，"品色服"制度就已经很成熟了。"品色服"也就是不同品级的官员要穿不同颜色的朝服，以此区分等级。唐初时，只有五品以上官员才有资格穿红色。虽然人人艳羡穿上红色朝服飞黄腾达，但又不是人人都能官至五品。那怎么办呢？武则天有创意：想穿红色，又不够品级怎么办？没关系，只要低级官员办事得力或者有功，就可以破格赏赐红色的朝服，这就是"赐绯"。我们常说的"红人"就是这么来的，表示一个人受重视受关注。看看，不用花一分钱，

唐朝赐绯官服

不用升一级官，赐一件红衣服就能大幅度提高生产力，这就是政治家。

在唐代，黄色已经成为了皇帝的专属，其他人不能染指；紫色又由于提取工艺复杂不容易获得，红色就成了一般人用来表达富贵吉祥的首选。

明代时，国姓就是"朱"，朱元璋又是红巾军出身，加上兴起于南方，所以特别尚红色，尤其是朱红（这也是故宫红墙红柱的来历之一），朱红也因此被认为是最正的中国"红"。

甲骨文的"朱"字，是在树干中心加一个圆点，表示树心是红色的树，其实就是松柏一类的红木，介于红色和橙色之间，是中国红的代表。

由于朱红色在古代是正色，皇帝御批用朱红，皇家建筑用朱红，富贵人家也将大门涂成朱红色，"朱门"就代表富贵之家。因为崇尚红的汉、

169

明两个朝代是中国强盛的两个朝代，同时都对中国有深刻影响，渐渐地，红色文化就从上而下，又从下而上渗透到了中国的各个方面。人们认为至刚至阳的红色可以镇压一切恶邪，所以婴儿出生要穿红肚兜，本命年要穿红，过年要放红红的鞭炮、发红包……

鞭炮	灯笼	剪纸

　　从朱门红墙到红木箱柜；从孩子的贴身肚兜到以中国红为主题的婚礼；从本命年的腰带、佩玉的流苏到寿星的寿服寿桃；从添丁进口时门楣上挂的红布条到孩子满月时做的"满月圆"；从舞龙灯的绣球到锣鼓唢呐的饰物；从深闺女儿的红头绳、香囊到扭秧歌的舞绸；从开张大吉的剪彩到恭贺新禧的贺卡；从铭刻着权力的印泥到记录着功勋的锦旗；从过年过节悬挂的灯笼到家家户户张贴的春联、倒福和窗花，从压岁红包到除旧迎新的爆竹；从闻名遐迩的唐三彩到景德镇最负盛名的"祭红"瓷……

　　中国红就这样经过多少代潜移默化的熏陶，深深地嵌入了中国人的灵魂，成为当之无愧的安身立命的护身符，恪守着儒释道三教合一的理想疆土。

慎重使用红色字

中华民族是崇尚红色的民族，对红色有格外的偏爱。但有些时候，用红色却是不合适的。知礼君就给大家提个醒：

有些人喜欢用红色字在网上发文发帖、写邮件或在线聊天，知礼君还是劝你尽早换个颜色。过去民间一直认为阎王爷勾画生死簿是用红笔，被红笔填写名字的人迟早要到阎王那里去报到，相当于被判了死刑。古代衙门也多用朱笔记录犯人的名籍。因此，中国人一向忌讳用红色来书写文字，尤其是人的名字。在古代用红色写信，表示绝交；用红色写文章，则表示绝笔；遗书也是红笔写的。

现在写信往往由电子邮件或在线聊天代替，但是道理是一样的。打开一个邮件，漫天遍野一片红，甚至还是加大加粗的那种，给人的感觉会很不舒服。即便内容再好，在阅读和交流体验上，也会让人对你的印象大打折扣。正常情况下，红色字只有教师、会计在职业上使用，或者日常交流要强调局部重点时才会使用，为的是引起别人的注意，其他情况还是要慎用。

尊重文化、尊重习惯就是尊重自己，更是对对方的尊重。在想用红色字体前，最好还是多顾及一下我们的传统习惯或禁忌比较好。

一字知礼

天地玄黄

　　黄色，在中国是一种非常特别的颜色：它是中原土地之色，黄皮肤的炎黄子孙们在这片黄土地上勤恳耕耘，春种秋收；它也是帝王之色，从黄袍加身到皇榜通告，都是权力与威严的象征。黄色既能代表高贵，也能亲近平民；既让我们收获，也伴随我们死去。

　　黄色的象征意义是一个民族非凡的美学经历，既是华夏先民对黄色的认知与感悟，也是华夏文明对黄色的倾注与融入。

黄河

黄龙袍

黄土地

金黄麦收

黄

许慎在《说文解字》里，对"黄"字的释义就说黄是中原土地的颜色。字形是由"田、芡（guāng）"组成的，"芡"是古文写法的"光"字，也是声旁。"芡"后来转化成了"共"，拆散写在上下，中间像个"田"。

为什么田里有光就是黄？光是火光，许慎的根据是田地火烧后，土地就变黄。

不过要说黄，我们得先从大名鼎鼎的黄帝说起。在神话中，黄帝是中央天帝（古人认为黄代表土，居于中央），辅佐他的是土神后土。

对"黄"字的释义，还有一种说法，就说"黄"的造字本义是箭靶的靶心。古代箭靶是皮革做的（所以靶字里有"革"），靶心用黄褐色泥浆涂抹，这样更醒目。古人常以部落或联盟首领的特长和贡献来敬称他们的首领：比如最早系统利用火的首领为"炎帝"；最早教练射箭习武的首领恰好就是"黄帝"。

黄帝统一了华夏，是华夏的人文初祖，有很多发明创造。到了晚年，他还发明了鼎。就因为铸鼎，神话里还有黄帝乘龙飞天的故事。故事里说，当第一个鼎被铸造出来时，天上突然飞下来一条黄龙，那条龙有着威武的眼睛和长长的龙须，整个龙身透着金光，降临时，周围那个黄啊——好像带来万匹的黄金缎，笼罩了整个天空。黄帝和大臣都很吃惊，那只龙慢慢靠近黄帝，忽然开口对黄帝说："你使中华文明向前迈进了一步，我来带你升天。"黄帝就跨上龙背，乘着金龙升天而去。

黄帝乘龙飞天

为什么有黄帝升天的故事呢？得道升天，那不是道家的事吗？没错。黄帝和我国土生土长的宗教——道教关系还真密切。古人把黄帝和老子作为道教的创始人，"黄老"就成为道教的一个别称。黄老思想的特点就是"无为而治"。

黄帝一生做了那么多事，是个很伟大也很有作为的政治家，怎么会主张"无为而治"呢？我们先讲讲帝江鸟的故事，也许能说明一二。

在神话中，黄帝面对四方，长有四张脸，方便他作为中央天帝，看四面八方。可是他却有另一个截然相反的化身——帝江，别说四张脸，连一张脸也没有，更没有五官，形状像个口袋，红得像一团红火，六只脚四只翅膀，耳目口鼻都没有，但却懂得歌舞。这是黄帝变的神鸟，总是独来独往，无聊的时候还会自己咬自己的尾巴玩耍。为什么黄帝要变成这样啊？这个问题很难回答。不过帝江却恰恰体现了"无为而治"。这无为而治，并不是什么都不做，而是不必做和不该做的选择不做。混沌也不是闭目塞听，而是耳聪目明。这种选择性的"不做"，是不是比不合时宜的"做"更智慧呢？

如果混沌有眼睛有耳朵有嘴巴，又会是什么样呢？这个问题，有个会讲故事的大哲学家回答得更好。

远在战国时候，有一个大思想家和老子齐名，和黄帝一样，这位大思想家也是道家的代表人物，这位仙儿特别潇洒，以《逍遥游》闻名于世，自由无我，逍遥自在，后来的诗仙李白都深受他的影响，这位世外高人就是庄子。

庄子是讲故事的天才，他曾经讲述了一个混沌凿七窍的故事……

从前，有个南海的海神名叫倏（shū），北海的海神名叫忽，中央天帝叫混沌。倏与忽是两个好朋友，经常相聚。为了方便，相聚地点就选在了距离两人都很近的中央领域，就是混沌的地盘。混沌对他们非常热情，倏和忽都特别感激，想要报答混沌。他们看人人都有七窍，唯独混沌没有，就想给混沌凿开七窍，让他像他们一样享受畅快的生活。倏和忽于是就开始每天为混沌凿

混沌凿七窍

通一个窍。到了第七天，七窍终于全部凿通，可是混沌却死了。

没有七窍，混沌能快乐地活；有了七窍，混沌却死了。哲学家们有很多角度来说为什么七窍开，混沌死。每个人对此也都有不同的体会，也许将来，你的人生经历会不断告诉你不同的答案。

黄帝是"黄"的一个丰富代表，他携带着他代表的黄色，从神到仙，从地到天，从人到王，从生到死。也因为黄色位于中央，统领四方，最终成为代表皇权的颜色。

从唐朝开始，黄袍开始成为皇帝的工作服。在唐朝以前，绝大部分帝王都更偏爱黑衣。黄袍最早是祭祀祖先的祭服，平时是不穿的。天子祭祖时，要穿黄衣，骑黄马，佩黄玉，吃黄小米黄牛肉，举黄旗……处处沾黄。这套完整的帝王祭祖仪式，从封建制的前端（周朝），一直沿袭到封建制的最后一个王朝。

而祭祀大地时，也要用黄，只不过是一种黄色的筒状玉器，叫琮（cóng）。

《诗经·周颂》里提到各种颜色形态的玉作为礼器的用法："以玉作六器，以礼天地四方，以苍璧（环状玉）礼天，以黄琮（筒状

唐朝祭祖——佩黄玉

玉）礼地，以青圭（条状玉）礼东方，以赤璋（形如圭上端斜削去一角的玉器）礼南方，以白琥（形似老虎的礼器）礼西方，以玄璜礼北方。"

黄琮

玉璜

除了黄琮，这里玄璜的"璜"也是和"黄"有关联的。回到对"黄"字的解读，文字学家郭沫若说"黄"像佩璜的样子，是"璜"的古字，中间是这种玉璜，上面是这种佩玉的系带，下面是垂下来的穗。

璜是什么？是一种弧形的玉器。是古代汉族贵族朝聘、祭祀、丧葬时所用的礼器，也作装饰用。一般都认为"半璧曰璜"，其实多数璜只是璧的三分之一，有的甚至只是四分之一，只有少数接近二分之一。所以大部分璜都是弧形的。

说"黄"字像佩璜，在文字界的呼声也是挺高的。看，破解一个"黄"字，是不是像破案一样？业界还有说金文的"黄"像蝗虫的样子，是"蝗"的本字（巧的是，形成蝗灾的蝗虫也是黄色的）；还有说（古文字学家唐兰）"黄"像人仰面向天，腹部胀大，得了肚胀病，形成腹水，同时出现黄疸，皮肤蜡黄。黄疸病人的肤色就成了殷人的黄色标准。这个肤色也和土地的颜色很接近。还有人说像黄牛（《诗经》里黄确实是黄牛的代称），还有说像黄金……真是太伤脑筋了。

刚才说到"黄"也因为黄袍而尊贵，那黄袍的黄是哪种黄呢？

唐代诗人元稹在《酬孝甫见赠十首》第四首有一句："曾经绰立侍丹墀（chí），绽蕊宫花拂面枝。雉尾扇开朝日出，柘（zhè）黄衫对碧霄垂。"

也就是说咱们的诗人也是在皇宫待过的。其中，柘黄，就是杏黄色，是用柘木汁染成。自隋唐以来，柘黄就成为帝王的服色，也就是黄袍的黄色。

从唐朝皇帝天天穿黄开始，民间就不能穿黄用黄了。"黄袍加身"意味着称帝，皇帝的车是"黄屋"，宫禁的门是"黄门"，皇帝的文告是"黄榜"……

黄色是暖色调中最引人注目的色彩。在黄色光照耀下，人的瞳孔会放大，血液循环也会加快，血压升高，带给人心灵上的悸动。鲜明尊贵，这也是帝王们偏爱黄色的原因之一。古代的人为物品（建筑啊、服饰啊什么的），除了金灿灿的皇宫，民间难得见一黄（穿黄用黄等于谋反），唯独一个地方例外，那就是佛寺。

无论哪家庙宇，殿中都悬挂着明晃晃的金幢（chuáng，用黄色绸缎制成的圆帐状长筒饰品），寺里有金灿灿的佛像，寺院屋檐是金顶……

黄袍

汉地佛教爱黄，藏传佛教对黄色的垂爱更是淋漓尽致。藏地五色经幡中的黄代表大地和皇族，他们认为，当风吹过经幡时，就相当于将上面的经文念过一遍，以表示他们诚心向佛的信念。

藏地黄教

藏族转经筒

黄色在藏地，自古就是僧人的专有色，这个传统起源于吐蕃时代（公元618年—842年，由古代藏族在青藏高原建立的第一个有明确史料记载的政权，松赞干布被认为是实际立国者）。传说当时的吐蕃赞普遇见穿黄袍的僧人是要行礼的。

而统领藏传佛教的教派是黄教，也就是格鲁派。传说格鲁派创始人宗喀巴一开始修习的是红教，就是宁玛派（因为戴红色僧帽得名）。而在学习圆满后，宗喀巴却改成戴黄帽另立宗派，把戴黄帽作为坚守出家人戒律的标志。这大概是因为黄色有警示作用，和交通信号灯中的黄灯警示是一个道理。黄色光的波长较长，穿透能力也强，黄灯的显示距离比红、绿灯远，因此交通信号灯采用黄色灯光作为警告信号。

黄灯

黄河流域是世界文明发祥地之一，而黄土地生养万物。有一种对"黄"字的解说大概就因为黄色大地的母性，说黄字像孕妇怀着宝宝。小宝宝在古时候也被称为"黄口小儿"，那是因为雏鸟的嘴是黄色的，就用鸟宝宝黄黄的小嘴来形容小婴儿和三岁以下的宝宝。黄口小儿长大一些，就可以上"黄册"（明朝时期的户口本），要是有幸当官，还会上"黄卷"（考核官吏的文书），考核要是好，会"飞黄腾达"（飞黄是传说中的一种神马），到了生命尽头，就会下到"黄泉"。

黄泉是人死后居住的地方。为什么叫"黄泉"呢？那是因为打井打到很深的时候，地下水呈黄色，人死后又埋于地下，所以古人把地下很深的黄泉地带看作人死后居住的世界。黄泉路，就是人死时通往黄泉地府的路。

这样看来，我们从生到死，都和"黄"密不可分。一个"黄"字，点明了我们从何处来，到何处去，似乎寓意着宇宙的始终。

所以《千字文》开篇就是——天地玄黄，宇宙洪荒。日月盈昃，辰宿列张。

知礼贴士

"黄种人"是褒义还是贬义？

"飞人"刘翔在雅典奥运会上夺冠时，曾倔强地说："谁说黄种人不行？"当时的报道铺天盖地甩出"黄种人的骄傲"这样的字眼。明明带有歧视色彩的"黄种人"，为什么到了华人圈就变了味道？

"黄种人"本来是欧洲人对中国人的蔑称，但是正因为黄色在中国文化中的尊贵地位，中国人反而毫无障碍地接受了"黄种人"这个称呼，而文化中并不标榜黄色的日本人接受"黄种人"的过程就颇为曲折。近代的中国人甚至把"黄种人"变成凝聚中国人气并且与西方较劲的概念工具。比如辛亥革命的先驱黄兴，原名是黄轸，改这个名字就是取"炎黄复兴"的意思；《猛回头》的作者陈天华取笔名为"思黄"；民主人士章士钊用过的笔名就有黄藻、黄中黄、黄帝子孙之一个人……"黄种人"这个原本带有恶意的称呼，就这样被近代中国人反将一军，索性将黄色复兴进行到底。

现在"黄种人"在人口概念上没有任何褒义贬义，但是日常中没有人会这样说。在外国朋友面前，你自称"黄种人"，是有那么点自豪的意思；如果别人评价你"你们黄种人"，你完全可以往不友好的方向上理解；对同是黄种人的其他民族，不要说"咱们黄种人"，因为在其他民族的文化里，黄色还没有这么强大。

如果别人只说你"黄"，那他不是在说你的肤色，而是在说你的思想行为不健康。

一字知礼

我是清白的

湖北小伙小陈在停车等红绿灯时，车身下突然多了个老太太。差点儿跳进黄河也洗不清的小陈将自己的遭遇发到网上后，有人发给了他一段行车记录仪的视频：视频上清楚地显示老太太是自己钻进去的，不是小陈撞的。多亏了这段视频，车主小陈才洗刷了清白。

"摊上大事"和"洗刷清白"之间，看似只隔了一个行车记录仪，其实是社会转型的体现。当一个人在生活中遭遇"清白的烦恼"时，证明的过程将不再是简单的找目击证人，而是讲证据，尤其是铁证的刑侦模式。

当一个人的"清白"、"安全感"要靠机器和工具来证明，有人认为这是社会的进步，有人会觉得这是诚信的危机，当然也有人认为这恰恰是对人性缺陷的约束和弥补。

不管怎么说，小陈是清白了。

从古到今，我们从未停止过对"清清白白"的追求。

东海的桃都山上有一只金鸡，每天第一缕晨曦洒在金鸡身上，金鸡就立即抖擞精神，高声鸣叫，啼叫声遍及大地的每一个角落。只要

桃都山上大公鸡打鸣报晓

字知系列丛书

金鸡一叫，就把白昼叫来了。夜间游荡在地上的鬼们听到，都要到大桃树下集合。

这时，拿着芦苇绳子的冥神——神荼与郁垒，就在大桃树东北树枝间的一座鬼门下威风凛凛的坐着，检点那些匆匆从人间赶回的形形色色、大大小小的鬼。

那些大小鬼们都会战战兢兢地从鬼门下列队通过，如果哪个鬼不清白，两位冥神就会立即把他们用芦苇绳子捆起来，送给山上的大老虎，让它吃了吐，吐了吃，反反复复吃一万遍。这样一来，凶恶的鬼就不敢在夜间去阳世干坏事了。

门神——神荼

门神——郁垒

现在我们重新理一遍这个故事的几个关键点。在神话里，白昼是金鸡叫来的。实际上的"白"是怎么回事呢？

"白"是个象形字。关于"白"的字形解读有很多说法。有人说像火苗燃烧的样子；有人说像太阳初升的样子；有人说像口里吐出的白气，或舌头交叠，不停地说话，表示费口舌说明（念白）；也有人说像一粒白色的谷米（《周礼》

确实把稻谷称为"白")。

《说文解字》里说得更高深：说"白"是代表西天的颜色。"白"字形采用"入"和"二"会义；因为"二"是代表阴间的数，和"入"结合在一起，表示归西。在中国民俗里，"死去"的另一个说法就是归西、去西天极乐世界。办丧事时，物品都要贴上白纸，以此来祈求灵魂安详归西。

在这里，我们采用比较普遍的说法："白"字里面的"日"，是太阳变来的，上面的一撇是代表太阳的光亮。太阳的光亮露出来，就是白天了。

太阳升起之前，先是东方露出白色，这就是"鱼肚白"（就是鱼肚子的那种白色）。"雄鸡一唱天下白"，就是当雄鸡打鸣报晓的时候，天就亮了。

光明让一切都变得清楚，所以"白"就引申为清楚、明白。"真相大白"就是事情全弄明白了。由"白"组成的字，大多和白色、明亮有关。

看看皇帝的"皇"——

皇

"皇"字最初就像一盏灯，"白"像灯光，"王"像灯座，表示灯火辉煌。

"皇"变成皇帝的意思，是从秦始皇开始的。在秦始皇之前，最高统治者都不称"皇帝"的。上古的三皇五帝，其实是部落首领。秦王嬴政统一中国，认为自己"德兼三皇、功盖五帝"，就创造了"皇帝"一词，作为最高统治者的正式称号。这样，秦始皇嬴政就成了

秦始皇嬴政

中国的第一位皇帝——"始皇帝"（"始"就是第一、开始的意思）。

你再看"皦"（jiǎo），皦＝白＋敫，"敫"（jiǎo）的本义就是由点到面的扩散，再和第一个"白"合起来，就表示白光闪耀、光亮洁白。一般阳光的白和玉石的白，就称为"皦"。从这个字里看，是不是还能看到白光的流动呢？

你再看"帛"——"帛"里的"白"，表示太阳的白色光；"巾"表示布条；"帛"就是白色的丝织布条，也是古时对丝织品的总称。

如果再追究下去，还有许多"白"：描述人之白的"皙"，描述月之白的"皎"，霜雪之白称为"皑"，玉石青白称为"碧"；此外还有净白、粉白、亮白、莹白、米白、乳白、素白、齿白、锌白、苍白、葱白、斑白、牡蛎白、珍珠白、玉石白、羊毛白、羊脂白……

白露——皦的白光闪耀

丝帛的白

牛奶的乳白

羊脂玉的润白

难怪 2000 多年前，孟子问他的学生告子：天生的即为天性，就像白被称作白吗？如果是这样，白羽之白像白雪之白，白雪之白和玉之白又一样吗？

虽然都是白纸一样的天性，但白和白还不同呢！你看这白，看起来空无一色，在古代却有这么丰富的色相。各种白不说，就是在现实科学上，也是一切颜色的基础，并包含了一切颜色。

做过三棱镜实验的小伙伴都知道白光的魔力。这个"物理最美实验"是牛顿首创的。他在著作中记载道："1666年初，我做了一个三角形的玻璃棱柱镜，利用它来研究光的颜色。为此，我把房间里弄成漆墨的，在窗户上做一个小孔，让适量的日光射进来。我又把棱镜放在光的入口处，使折射的光能够射到对面的墙上去，当我第一次看到由此而产生的鲜明强烈的光色时，我感到极大的愉快。"牛顿把白光分解的这个颜色序列叫做光谱。其实，就是用实验再现了一下彩虹。在物理学里，白光能反射所有的色光，所以我们才能看到丰富多彩的颜色。

牛顿的三棱镜实验

在色彩上，白与黑相对，是两个极端。黑色表现为光消失的极致，吞没一切色彩。而白色则是光存在的极致，释放一切色彩。而那么多种白，无论哪种白色，都是洁白纯净的化身。因此"白"还有清正、清白的含义，象征君子洁净的人格。

你一定马上想到了于谦的那首诗《石灰吟》：

千锤万凿出深山，
烈火焚烧若等闲。

粉骨碎身浑不怕，

要留清白在人间。

　　这首《石灰吟》是于谦在 12 岁的时候写的。他在石灰窑前看师傅们煅
烧石灰，一堆堆青黑色的山石，经过熊熊的烈火焚烧之后，都变成了白色的
石灰。于谦深有感触，作出这首铿锵有力的诗，这也是他一生的写照，并指
引了无数后人。

　　屈原说为人也要像橘一样"精色内白，类任道兮。"（外观精美内心洁净，
像有道德的君子）白色的这种清白特质，是古代无数仁人志士、明君贤臣共
同追求的人生理想和精神境界。追求清白，宁为玉碎，几乎成了中国人的集
体意识。

　　很多少数民族也尊崇白色的这种纯净特质：藏族以白色代表纯净的内
心，蒙古人将善心称为"白心"，白族人甚至直接以"白"来命名自己的
民族……

仙鹤

玉麒麟

　　古代的瑞兽也几乎都是白色：飘飘欲仙的白鹤、跃入武王行舟的白鱼、
还有白玉麒麟、银狐、白龙马……

185

白色孝服

挂满白色帷幔的灵堂

　　白这么洁净美好，为什么还有人说白色是凶色呢？说它凶，是因为在中国文化中，西方为白虎，是刑天杀神，主肃杀之秋，旧时把白虎视为凶神。所以古代常在秋季征伐不义、处死犯人。加上自古以来办丧事都是一片白色，所以丧事也叫白事：穿白色孝服、设白色灵堂、出殡时要打白幡……甚至两军交战，投降都要举白旗。以白色为投降的标志起源于秦朝，当时秦人尚黑，以黑色为“国色”，来代表胜利。秦末刘邦进取关中，直逼咸阳，秦子婴投降，便以秦人“国色”的反色——白色为服，表示出降。而白也有一无所有的意思，用来表示“投降”，再惨淡不过了。

　　在古代，颜色的贵贱也和获取的难易程度有关。比如紫色最难获得，就成了间色中最尊贵的颜色，唐代三品以上官员才能穿紫色官服。而白色只需要漂洗即可获得，都不需要染色，因此成本最为低廉，成为下层百姓常服的颜色。“白丁”就是这么来的。

　　“丁”指人，“白丁”是指没有考取功名的读书人。就像现在社会称一些人为“蓝领”、“白领”，就是用衣服特征表示不同的社会阶层：“蓝领”因为工作时多穿蓝布工装而代表劳力者；“白领”因为西服内露出白衬衣领口，便以领口颜色指办公室职员。还有现在的粉领（自由职业者）和金领（管理阶层），其实都和“白丁”一个原理。可是原来的白领（白丁）

和现在的白领，差别可不是一星半点。

宋代大词人柳永年轻时才华出众，所填词作传唱市井里巷、青楼楚馆，朝廷看不上他有伤风化的乖张样。他应试科举，皇帝大笔一挥，亲批："且去填词！"意思是你别当官了，还是填词谱曲玩去吧！彻底断了他求功名的念想。柳永恨恨地写出一首《鹤冲天》："何须论得丧，才子词人，自是白衣卿相！"

意思是别看我柳永还是个穿着白衣服的小白人，我就是个未入仕的卿相之才！明晃晃的大人才！唐代描写京城科举考试期间，天下士子云集景象，用"麻衣如雪，满于九衢"来形容。是说大街小巷到处是穿着白衣服的考生，如雪般映入眼帘。谁知道这些考生，哪些能穿红穿紫呢！

从吉祥的白鹤到白衣飘飘的神仙，从一生的精神追求到生命最后一程的陪伴，白色用它的"无"，盛放了丰富的"有"。

知礼贴士

被误会了怎么办

日常生活中，我们总有被冤枉、被误会、受委屈的事。当这些事发生的时候，我们是不是一定要自证清白呢？

这要看被谁误会。

对于相交已久的好友，有时对方只需要一点反思的时间，只要他们自己想明白了，便会马上与你和好如初，你只需要做到豁达宽容就行了；如果对方没能理解，又知己难求，你就要主动解释清楚，必要时受点委屈也没什么，时间终究会证明。对于普通交往，如果你不想深交，就不必在意他人是不是误会你。

如果被父母误会，千万不要强势顶撞，要向父母耐心解释，真诚沟通，他们即使不认同，也会愿意理解你。当然，如果最终他们还是认为是你的错，那就欣然接受好了。有时候，放下委屈，也是一种孝敬。

如果是在学校和工作单位，有误会就要马上解决，不管是来自老师、上级还是同伴，否则你会在这个集体里莫名其妙地背上恶名。除非你内心足够强大，可以真正做到怎样的结果都不在意。

如果你总是被别人误会，那就要从自己身上找原因：是不是自己的行为举止使别人无法对我们产生好感和信任？或者是不是自己真做错了却不自知？瓜田李下能远离就远离，自己平时也要以诚待人，光明磊落。只有这样，才会让人愿意信任你，真正减少误会的发生。

黑客帝国

今天，你被黑了吗？

开玩笑！谁没被黑过？！

黑客帝国时代，要被黑还是很有技术含量的一件事。现在无论他黑、黑他还是自黑，几乎随手拈来，有水军黑明星的、推手黑作品的、网友黑网红的、同行黑同行的、同学黑同学的、还有自己黑自己的……

面对这些低级黑和高级黑，我们还是要放宽心，人世间所有的遭遇都不会是最黑的。

放眼三界，最黑暗的地方是哪？不是黑洞，也不是十八层地狱，是《太平广记》里的鸦鸣国。鬼所在的阴曹地府，好歹还有点鬼火什么的，但是在鸦鸣国里，一点亮光也没有，是真正的一片漆黑。

鸦鸣国周围好几百里大，太阳月亮都照不进这个国家，常年黑暗，只能以乌鸦的叫声来区分昼和夜。

怎么会有这样的地方？谁会住在这样的鸦鸣国？

人死了变鬼，但鬼也会死。鬼死了以后变成䄇（jiàn），就住在这样的鸦鸣国里。人怕鬼，鬼怕䄇。鬼有多怕䄇？就像人有多怕鬼。所以，古时候在门上写个篆文的"䄇"，还可以驱鬼。（《聊斋志异·章阿瑞》）

《聊斋志异》是清代小说家蒲松龄创作的文言短篇小说集。

中国神话中也有这样的暗黑世界……

羽山在北极的北面，是太阳照不到的地方，人类灵魂的最后归宿地——幽都，就是这里。山的南面是雁门。雁门是世界的最北边，是人间界与幽冥界之间的通道。万物死后，灵魂都将来到这里，通过雁门关下到幽冥，或轮回，或沉沦。

一条叫烛龙的神终年守在这里，烛龙也称烛九阴，人面蛇身，身长千里，睁开眼就为白昼，闭上眼则为夜晚，吸气为冬天，呼气为夏天，又能呼风唤雨，不喝水不进食，不睡觉也不休息。嘴里衔了一根蜡烛，用来代替日光，照耀北极的黑暗。

是不是听起来就黑沉沉的？

鸦鸣国和幽都到底黑到什么程度呢？

我们先弄清楚黑是什么标准。

"黑"字上面像烟囱，下面的偏旁是四点底，表示火焰。合起来表示烟火熏黑的颜色，就是黑色。

幽冥的"幽"，采用"山"和山中的两个"幺"会意，表示隐而不现。其实最早的"幽"字下面其实是"火"，后来才变成"山"。"幺"表示细丝，细丝一样的微弱火光，即"幽暗"之光。而且细丝极细微，最不耐火，见火即化。

190

幽暗更像是火灭时而飘逸的缕缕细烟。后来字形变为"山"和两个"幺"，同样可以表现山中飘逸的薄云或气雾的朦胧状态，幽暗不明。

"冥"由"廾"（gǒng，双手）、"冖"（mì，表示蒙覆）和"日"（代指光亮）组成，表示人看不清楚四周，只能靠双手摸索的意思。"冥"的本义就是昏暗。

看到了吧，幽都和鸦鸣国的黑，简直毫无希望。尤其是鸦鸣国，连幽都那细丝一样微弱的若隐若现的光都没有，只能靠乌鸦叫分辨一个又一个黑夜。饕之所以凶恶，是因为它们甚至连鬼那样的飘飘忽忽的魂魄都没有，更别说投胎轮回了。没希望的鬼中鬼最可怕，所以鬼都怕自己变成饕，想想那黑漆漆的鸦鸣国，能不胆儿颤吗？

说到黑漆漆，有一种黑，就是漆黑。漆黑又有多黑呢？

"漆"的金文，就像一棵漆树，其中的四个点表示有漆滴下来。后来漆树下面的树杈变成了"人"字形；"人"下变形的"水"还表示滴下来的漆；"人"上的"木"还表示树木（漆树）；"氵"表示提取的生漆是一种液体，就是现在的"漆"字。

油漆

老铜镜上的黑漆

黑漆方盒

黑漆雕花柜子

黑漆雕花矮桌

因为这种漆树汁很黏稠，所以成语"如胶似漆"，就形容关系像胶（树胶）和漆一样亲密，难分难舍。漆树的树皮里有乳白色的汁液，接触到空气后就会变成暗褐色，叫生漆。"白赛雪、红似血、黑如铁"

就是说天然漆从液体状态到氧化后，色泽由浅到深，最后变黑，形成坚固的漆膜的过程。

说到漆的颜色，在古代有这样的说法："凡漆不言色者皆黑。"就是只要不说漆（这里是动词）成什么颜色，就都是黑色。今天人们也常用漆黑一片来形容黑到了极至。

杜甫诗中"朱门酒肉臭，路有冻死骨"的朱门是王府、官府、富豪的大门，朱漆大门在那时不是随便可以漆的，除了皇室显贵，绝大多数人家选择了黑漆大门，既避僭越之嫌，又不涉足权贵。

为了使从漆树中提取的漆更黑，古人会把墨烟加入漆中，或用铁锈水调入漆中，拌匀后，刷在物件上，黝黑如墨。用这种黑漆打磨出的家具，淳朴厚重，又光同镜面，再在黑漆之上描点金，就非常的庄重华丽。

现在出土的古代棺木中，有很多神秘华贵的漆棺。比如河南南阳出土的西汉早期四神图漆棺：棺体刷黑漆，并有彩绘，北侧为朱雀、东侧为白虎、南侧为玄武、西侧为青龙（四神和正常方位相反），棺盖上绘有阳乌和蟾蜍，四周以卷云纹加以修饰，画面丰富精美。

凤纹漆盒　　　　　　　　云纹漆钟　　　　　　　　云纹漆鼎

秦汉漆器中最著名的就是马王堆轪侯夫人的漆棺了，黑色在其中占据着最重要的角色。

出土时，轪侯夫人所在的漆棺一共四层，庞大的四层棺材都用上好的木料打造，大小依次递减。最外面是庄重的黑漆素棺，没有丝毫装饰，这里的黑色，象征阴间和死亡。

黑底彩绘漆棺

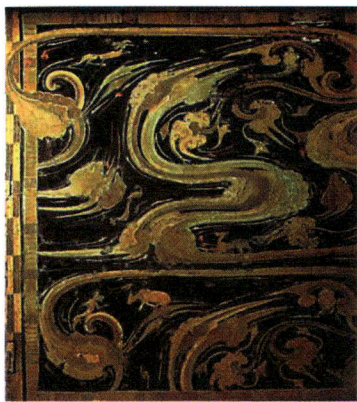

漆棺上的图案

第二层是黑底彩绘漆棺，黑色的底子上用金黄色绘出复杂多变的云气纹，纹路间穿插着一百多个怪兽或神仙，图案想象力丰富，线条粗犷大胆，似乎挟裹着墓主人的灵魂，进入不知名的黑暗世界。

第三层是朱底彩绘漆棺，色彩更加绚丽。盖板绘二龙二虎相斗的图像，头档、足档分别绘高山奔鹿及双龙穿璧，左侧面也以龙虎为题材，右侧面为勾连云纹；和外面的棺材相比，这个棺材显得富丽堂皇，好像墓主人正在向死而生。

最里面的内棺，棺身又涂满黑漆，外面用帛和绣锦装饰，是直接殓尸的锦饰内棺。这个神秘的漆棺从黑色开始，经过一番华丽的过渡，又到黑色结束。黑色虽然代表阴间和死亡，但在漆棺里呈现的，却饱含着无限的生机和希望，似乎是涅槃的前奏。

中国玄妙的太极图上，也是黑白分明的。黑色和白色就像两条小鱼，黑色表示阴鱼，白色表示阳鱼。阴阳黑白的互动，就形成了宇宙万物。这种黑白转化的阴阳观念，往大了说，可以说宇宙；往小了说，可以说我们的身体。玄妙得不得了！

在五行中，黑色对应北方，北斗被称为"天枢"，是天空的中心枢纽，北方被视为宇宙的中心，是上位和正位，帝王要坐北朝南，宫殿和墓葬也要如此创造。古人把北极星座想象成龟和蛇，这就是玄武。

太极图

玄武是中国古代神话传说中一种由龟和蛇组合成的一种灵物。为什么是乌龟和蛇呢？玄武起初是对龟卜的形容：龟背是黑色的，龟卜就是请龟到冥间去诣问祖先，将答案带回来，以卜兆的形式显给世人，因此，最早的玄武就是乌龟。之后，四灵也和天上的星象对应：东方的星象如一条龙，西方的星象如一只虎，南方的星象如一只大鸟，北方的星象就像龟和蛇。后来，道教把玄武作为北方星君，成为保护北方的神仙。

北方对应冬季，冬季是一年的最后一个季节，是一个轮回的结束，也是另一个轮回的即将开始，黑色也就代表生与死的不断转化。

山东半岛的大汶口文化中，有真正纯黑的黑陶。这种黑陶来自一种特殊的烧制方式：当陶器在窑中烧到一定温度后，从窑顶慢慢加水，浇灭木炭，形成浓烟，利用碳的渗透，把陶器熏成光亮的黑色，烧成后再经过打磨，通体光亮。这种黑陶非常薄，胎壁甚至可以薄到只有半毫米！就像透明的一样！后来的学者就叫它蛋壳黑陶。

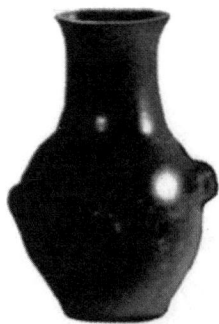
大汶口黑陶背壶

鹿回头黑陶

龙山黑陶

蛋壳黑陶杯

蛋壳黑陶壶

蛋壳黑陶花瓶

　　这些像蛋壳一样薄的黑陶造型精美，很容易破碎，而且烧制过程极为消耗人力物力，几乎不能用于日常。因此，学者们推测，这些蛋壳黑陶是专门用于仪式和祭祀的贵重礼器，来沟通人和神。

　　所以你看，古代的祭师和西方的巫师，基本都是穿黑衣的（连通灵的猫都是黑猫）。既神秘，又能通灵、沟通人神鬼。

　　汉族的傩（nuó）舞，也是黑色为主打色的。

福建邵武民间文艺戏剧——傩舞

"傩"是一种神秘而古老的原始祭礼，带着黑中带红的面具，穿着黑衣红裳，意在"逐尽阴气为阳导也"，宗旨是驱鬼逐疫，数千年来，周代傩仪延伸为傩戏，扩散到汉文化圈周边地区的民族和国家，特别是东亚地区的韩国和日本。

黑色不仅用于人间界和未知世界的沟通，还用在政治上。历史上第一个尚黑的王朝，恰恰是史上第一次大一统的秦朝。

秦始皇统一中国后，有齐人对秦始皇说，周朝既然是火德，秦朝可以采用周朝克不过的水德。秦始皇很高兴，就此施行了水德政令：崇尚黑色，改黄河水为德水，历史上第一个用黑色作为国色的政权粉墨登场，中国一个个带颜色的朝代也由此开始。巧合的是，中国的最后一个王朝——清朝，也是尚黑的。

当黑色的权威庄重从尚黑的王朝走到宣纸上，又成了中国画的代表。

清代画家石涛有一句"墨团团里黑团团，黑墨团中天地宽"，说的就是这传神的水墨。

最早的墨是石器时代烧制彩陶的颜料，是用黑土、煤烟制成的，所以"墨"字是由"黑"和"土"组成。墨是文房四宝之一，中国最经典的字画是书法和水墨画，都离不开墨。

水墨画

水墨画的精髓堪比太极，也是只有黑白两色，却意蕴无穷。

简简单单的墨色，在化简为神奇的中国人眼里，就是个多姿多彩的世界。从新石器时代的彩陶墨绘，到战国时期的帛画线描，再到晋唐宋元异彩纷呈的屏扇卷轴，能清晰地看到水墨画发生、发展和成熟的轨迹。"墨即是色"，指墨的浓淡变化就是色的层次变化；"墨分五彩"，指色彩缤纷可以用多层次的水墨色度代替……水墨只需利用干湿浓淡的变化，就营造出一个由不同层次的黑色组成的黑色帝国。

新石器彩陶黑绘

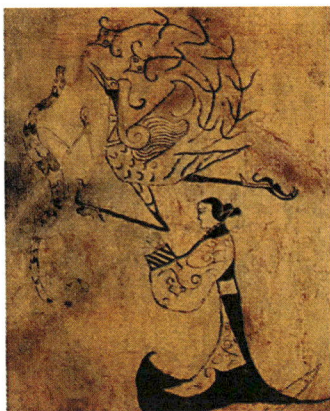

战国帛画

东晋屏风

宋代吉州黑白瓷罐

　　水墨不仅是美术，也是哲学。它是中国人观察和表现世界的一种重要而独到的方式，和太极相辅相成，以其不可替代的特殊文化品格，渗透于绝大多数中国人的血液中。

　　鸦鸣国黑，幽都黑，漆黑是黑，漆棺是黑，黑陶也是黑，秦朝黑，清朝黑，太极黑，傩戏黑，浓淡相宜的水墨也黑出五彩……黑色是终结，也是开始。

知礼贴士

黑色怎么穿

黑色百搭又跨界。因为黑色象征庄重肃穆，所以追悼会上要用黑色布帛做挽幛，参加葬礼的来宾也要穿黑。除了白事用黑，喜事也用黑：西式婚礼中，新娘穿白色的婚纱；新郎却是穿黑色或白色礼服的。牧师也是穿黑色长袍，戴礼帽。在社交场合，黑色更是男女永恒的经典。

但是，穿黑色，有一些规则却要格外注意。在商务场合，女性不能穿黑色皮裙，否则会让人啼笑皆非。因为在外国，只有街头女郎才如此装扮。为了不被人看轻，当你与外国人打交道时，尤其是去欧美国家办事时，穿黑色皮裙是要绝对避免的。

男士在正式场合穿着黑色西装时，全身颜色（包括露出的衬衫、领带、公文包）必须限制在三种之内，而且不要穿白色袜子，显得乍眼又外行。

　　这幅《芙蓉锦鸡图》是宋徽宗赵佶的作品，配有赵佶自创的瘦金体自题诗："秋劲拒霜盛，峨冠锦羽鸡，已知全五德，安逸胜凫鹥。"图中的雄鸡红翼、黄面、白颈、青背、黑尾，正好与中华五色相符，并对应了五行、五德。

知

礼

小

字

典

汉字索引

J	汉字	正文页码	字典页码
	几	029	219
	跽	137	219
	交	034	220
	皭	183	220
	九	116	221
	经	139	221
	裾	041	222
	踞	013	222
	屦	056	223

L	汉字	正文页码	字典页码
	立	137	223
	履	057	224

M	汉字	正文页码	字典页码
	麻	102	224
	门	130	225
	墨	197	225
	冥	190	226

N	汉字	正文页码	字典页码
	女	011	226

P	汉字	正文页码	字典页码
	跑	154	227

Q	汉字	正文页码	字典页码
	漆	191	227

Q	汉字	正文页码	字典页码
	妻	127	228
	妾	128	228
	青	160	229
	趋	151	229
	全	106	230

R	汉字	正文页码	字典页码
	人	137	230
	衽	041	231

S	汉字	正文页码	字典页码
	纱	043	231
	裳	040	232
	食	081	232
	士	081	233
	素	043	233

T	汉字	正文页码	字典页码
	堂	122	234
	头	047	234

W	汉字	正文页码	字典页码
	五	116	235

X	汉字	正文页码	字典页码
	席	021	235
	孝	072	236

一字知礼

X	汉字	正文页码	字典页码
	行	153	236

Y	汉字	正文页码	字典页码
	筵	021	237
	宴	021	237
	衣	040	238
	椅	035	238
	踊	057	239
	幽	190	239

Y	汉字	正文页码	字典页码
	玉	063	240
	元	048	240

Z	汉字	正文页码	字典页码
	直	138	241
	中	115	241
	朱	169	242
	箸	096	242
	走	153	243
	足	055	243
	坐	010	244

字知系列丛书

bái

白

white

甲骨文　金文　小篆　隶书

字形解析

　　"白"是个象形字。关于"白"的字形解读有很多说法。有人说像火苗燃烧的样子；有人说像太阳初升的样子；有人说像口里吐出的白气，或舌头交叠，不停地说话，表示费口舌说明；也有人说像一粒白色的谷米。

　　《说文解字》里说"白"是代表西天的颜色。"白"字形采用"入"和"二"会义；因为"二"是代表阴间的数，和"入"结合在一起，表示归西。在中国民俗里，"死去"的另一个说法就是归西、去西天极乐世界。办丧事时，物品都要贴上白纸，来祈求灵魂安详归西。

一字知礼

bài

拜

worship

金文　金文大篆　小篆　隶书

205

字形解析

　　"拜"字的左右两边，可以看作左右两只手，两手下垂，贴到地面，就是拜（古字有说像两手贴地拔草）。古人认为，不跪不叫拜。拜，在古代就是行敬礼的意思。

bì

陛　　陛　陛　陛

the flight of steps leading to the palace hall

字形解析

　　"陛"字的左耳刀（阝）是从"阜"变来的，"阜"像山崖边的石磴，用来表示地势或升降的含义；右面的"坒"表示字音，"陛"的本义就是台阶，特指皇宫的台阶。古时帝王的卫士就在陛下两侧进行戒备。当帝王与臣子谈话时，臣子不能直呼天子，必须先呼台阶下的侍者，让侍者再告之天子。台阶下的臣属向你传话，表示卑者向尊者进言。"陛下"就这样变成臣子对帝王的尊称。

bù

步　　　　　　　　步

甲骨文　　　金文　　　小篆　　　隶书

step;pace

字形解析

　　"步"上面的"止"表示左脚，下面的部分表示右脚，左右脚向前走动就是"步"行。作为脚部动作，古人的"步"，就是现代的散步。

chì

赤

甲骨文　　金文　　小篆　　隶书

red;sincere

字形解析

在甲骨文中，"赤"由"大"（表示人）和"火"组成。上古时期，存在把人（通常是俘虏）放在火上焚烧的祭祀方式，这种祭祀方式就是赤，譬如，甲骨卜辞中有"贞勿赤"之说，因此，"赤"又引申指火焰呈现出的红色。

而婴儿刚出生的时候身体也是红的，所以赤子就表示刚出生的婴儿。赤子之心，就是说人的心像初生婴儿一样纯正无邪；赤诚，就是心像赤子一样没有杂念，忠诚不贰。

chuáng

床

金文　　小篆　　隶书

bed

字形解析

甲骨文的"床"，写作"爿"（pán，劈成片的竹木。像一个旋转了90°的几），把"爿"放倒，就是以前的床的样子。"床"字就像有两个脚架、铺着木板的床。床的结构和"几"很像，有足有横木，因此也称为"安身之几"。

diàn

殿

金文　　小篆　　隶书

hall;temple

字形解析

"殿"字右面的"殳"（shū）表示手里拿着器具打击乐器，发出声音；左面的部分表示供奉神佛或帝王；合起来表示"殿"是供奉神佛或帝王受朝理事的高大的房屋。

diàn

靛

小篆　　隶书

indigo

字形解析

古代的蓝色来自靛青。"靛"是青＋定，就是"把青色定住"。从"靛"字里，我们就可以看到靛青提取的工序：将蓝草加工，提炼出蓝色溶液的精华，再用化学方法让这种颜色稳定，经久不褪色。蜡染就是用的这种靛青。

dǐng

鼎

甲骨文　　金文　　小篆　　隶书

an ancient cooking vessel with two loop handles and three or four legs

字形解析

看甲骨文的"鼎"字，就能知道鼎的样子："鼎"字上面的部分像鼎的左右耳及鼎腹，下面像鼎足。"鼎"的本义就是古代烹煮、盛食物用的器物，也可以用来调和五味。一般来说，鼎有三足的圆鼎和四足的方鼎，有的有盖儿，有的没有盖儿。

dòu

豆

甲骨文　　金文　　小篆　　隶书

a type of ancient Chinese vessel; beans

字形解析

甲骨文的"豆"，字形就是古代装食物的高脚容器，这种食器在商周时期很盛行，是古代宴会和祭祀时盛放食物的器皿，因此"豆"也是重要的礼器。"豆"大多是陶制的，也有青铜或木制涂漆的（木制的叫豆，竹制的叫笾）。后来"豆"假借为"菽"，成为豆类植物的总称。所以以带"豆"的字很多都和食器或豆类有关：比如豆豉的豉、豇豆的豇、豊器的豊（豊＝礼）……

一字知礼

dùn

顿（頓）

金文　小篆　隶书

touch the ground (with one's head);pause;halt

字形解析

　　"顿"由"屯"和"页"（xié）组成，"屯"是声旁也是形旁，原指种子向下扎根，"页"指人的头部，头部向下碰触地面即为叩首。"顿"的本义就是叩头、磕头，也就是顿首。"顿首"是在跪拜叩首的时候，头部在地上短暂停留。"顿"就由叩首的短暂停顿，引申为停顿的意思。

fú / fù

服

甲骨文　金文　小篆　隶书

submit;clothes

字形解析

　　在甲骨文中，"服"由"舟"、跪着的人和一只手组成，表示抓获俘虏并迫使其上船（远离故乡），因此有征服、服气、服帖等意思。

fǔ
府

金文　小篆　隶书

official residence;mansion

字形解析

　　府，由"广"和"付"组成，广（yǎn），表示和房屋有关；"付"是声旁。府的本义就是府库、府藏，是古时候国家收藏文书或财物的地方。"府"从府库的意思延伸到管理财货或文书的官吏，又引申到官府。

gǎo
缟（縞）

小篆　隶书

silk fabrics

字形解析

　　缟，由"纟"和"高"组成。"纟"表示缟是一种纺织物，"高"表示读音。缟就是未经染色的本色精细生坯织物，就是本色的缯（zēng，古代对丝织品的总称，是单根生丝织物）。

gōng

宫（宮）

甲骨文　　金文　　小篆　　隶书

palace

字形解析

甲骨文的"宫"字就像房屋的样子。在穴居时代宫就是洞窟：外围像洞门，里面的小框框像彼此连通的小窟，即人们居住的地方。"宫"就是古代对房屋、居室的通称，到了秦、汉以后才特指帝王的宫殿，这时候"吕"就像围墙内的房屋，"宀"表示屋宇，这就是帝王的"王宫"。

gōng

恭

金文　　小篆　　隶书

respectful

字形解析

"恭"上面的"共"是声旁，下面的"小"是"心"字的变形，表示恭敬是心里恭敬。

guàn / guān

冠　　　甲骨文　金文　小篆　隶书

crown

字形解析

　　"冠"是由冖、元、寸组成的会意字。"冖"（mì）表示用布帛覆盖；"元"表示人的头部；"寸"表示手。"冠"的字形意思就是：手拿布帛之类的制品加在人的头上，是用来卷束头发的饰物，也是古代贵族头衣的统称。"寸"也表示尺寸、法度，因为戴帽子有尊卑等级制度，所以字形采用"寸"作边旁。"冠"有两个音，当它读 guàn 的时候，表示戴帽子的动作，比如冠礼；当它读 guān 的时候，它就指古代贵族戴的普通帽子，也指帽子的总称，还能表示突起像帽子的东西。

guì

跪　　　金文　小篆　隶书

kneel

字形解析

　　"跪"字由"足"和"危"组成，"危"既是声旁也是形旁，表示坐直、毕恭毕敬的样子（见所敬忌，不敢自安也——《说文解字注》）。"足"在这里表示膝盖，"跪"的造字本义就是单膝或双膝着地，直腰低头，以示敬拜。

hè

赫

金文　小篆　隶书

grand; flaming red

字形解析

　　一个"赤"就是"大""火"，两个"赤"就是"赫"，赫＝大火＋大火，从字形上我们就可以看出来，"赫"的本义就是火红色，只是这种火红色比赤色更显耀盛大。

hēi

黑

甲骨文　金文　小篆　隶书

black

字形解析

　　"黑"字上面像烟囱，下面的偏旁是四点底，表示火焰。合起来表示烟火熏黑的颜色，就是黑色。

hóng / gōng

红（紅）紅 红

小篆　　　隶书

red; symbol of success,luck,popularity,etc.

字形解析

红，"紅"里的"工"，既是声旁也是形旁，表示精致；"纟（糸）"表示丝线；"红"就是染成浅赤色的高级丝帛。在古代红色象征富贵和喜庆。

一字知礼

hù

户　　 白 厂 户

甲骨文　　 小篆　　　隶书

door; household

字形解析

甲骨文的"户"字，像门的一半。"户"的本义就是装在出入口、可以开关的单扇门板。古时候一扇门板叫"户"，两扇门板叫"门"。在堂室东面的叫"户"，在宅区域的叫"门"。

huáng

皇

甲骨文　金文　小篆　隶书

grand; magnificent;emperor

字形解析

"皇"字最初就像一盏灯，"白"像灯光，"王"像灯座，表示灯火辉煌。

"皇"变成皇帝的意思，是从秦始皇开始的。在秦始皇之前，最高统治者都不称"皇帝"的。上古的三皇五帝，其实是部落首领。秦王嬴政统一中国，认为自己"德兼三皇、功盖五帝"，就创造了"皇帝"一词，作为最高统治者的正式称号。这样，秦始皇嬴政就成了中国的第一位皇帝——"始皇帝"。

huáng

黄（黃）

甲骨文　金文　小篆　隶书

yellow

字形解析

许慎在《说文解字》里，对"黄"字的释义就说黄是中原土地的颜色。字形是由"田、芡（guāng）"组成的，"芡"是古文写法的"光"字，也是声旁。"芡"后来转化成了"共"，拆散写在上下，中间像个"田"。光是火光，许慎的根据是田地火烧后，土地就变黄。

huǒ

伙 (夥)

金文大篆　小篆　隶书

partnership

字形解析

伙，"火"再加上"人"（亻）就是"伙"。古代士兵十人为一火，军队里烧饭的人就叫伙夫，集体吃的饭就是"伙食"，同火的人互称"伙伴"。古时候伙 = 火，所以"伙伴"也叫"火伴"。后来"伙伴"就变成我们现在"同伴"的意思。

"夥"字由"果"和"多"组成，"果"是声旁也是形旁，指植物的果实，引申为孩子。"多"本义为"主人的大群随从"。"果"与"多"联合起来表示"一父与多子"。"夥"指一个父亲和他亲生的一群孩子组成的一个团伙；"伙"指非血缘关系的人组成的团伙。

huò

镬 (鑊)

甲骨文　金文　小篆　隶书

a caldron used as a cooking vessel

字形解析

"镬"是形声字，"钅"表示镬是由金属制成，一般是铁制的；右面的部分表示读音。镬是古代烹煮食物用的大锅，和鼎的区别就是鼎有足，镬没有足。"鼎镬"合在一起，由炊具变成了古代烹杀人的酷刑。

jī

屐　　屐　　屐

小篆　　隶书

clogs

字形解析

"屐"是形声字。"尸＋彳"是"履"的省略，履表示鞋子，"支"作声旁。"屐"的本义就是木屐，一种笨重的木底鞋。这种鞋因为底厚，可以在雨雪天气时，当套鞋使用，以防打湿鞋袜。

jī / qǐ

稽　　　　　稽　稽

金文　　小篆　　隶书

delay; procrastinate;kotow

字形解析

稽，字里的"禾"表示禾苗，"尤"像禾苗弯曲的顶部止住不向上长的样子，"旨"是声旁表示读音。"稽"的本义就是停留、阻滞。稽留就是停留，稽迟就是延迟。

古代九拜中最重的礼节就是稽首。稽首之所以叫稽首，要点就是叩首到地要稽留多时。只不过这时候虽然"稽"也是停留的意思，却有个专属读音 qǐ，只有在作稽首大礼才读这个音。

jī / qǐ

几（幾）

a small table;nearly;almost

字形解析

几，字形就像案几的侧影，"几"的本义就是低矮的案几。后来专指有光滑平面、由腿或其它支撑物固定起来的小桌子，比如茶几（这种低矮的案几符合古人席地的坐法）。大概是这种低矮的小桌子和人的身体很接近，"几"又引申为非常接近、差不多，就是"几乎"。

几的繁体写作幾，"幾"上面的丝线表示像丝线一样细微的危机。下面的是"戍"的变形，戍，就是用兵把守。"幾"就是发现细微迹象而用兵把守，本义是存在危机。

jì

跽

to kneel for a long time

字形解析

"跽"是形声字，足字旁表示"跽"是腿部动作，"忌"是声旁表示读音。跽，跪时两膝着地，上身挺直。这时身体看起来像加长了一样，所以又叫"长跪"。有时候半跪、单膝着地也可以称为跽。跽是将要站立的准备姿势，往往表示跽者将有所作为。

一字知礼

219

jiāo

交

across;intersect

甲骨文　　金文　　小篆　　隶书

字形解析

"交"字的"亠"是人的头部，中间的"八"是胳膊，下面是交叉的两条腿。所以"交"就表示"交叉"。

字知系列丛书

jiǎo

皦

bright and white

小篆　　隶书

220

字形解析

皦＝白＋敫，"敫"（jiǎo）的本义就是由点到面的扩散，再和第一个"白"合起来，就表示白光闪耀、光亮洁白。一般阳光的白和玉石的白，就称为"皦"。

jiǔ

九　　㐅　马　九　九

nine

字形解析

"九"字像人的胳膊肘，原本和"肘"是一个字。还像事物曲折变化直至穷尽的样子。因为"九"是最大的个位数，就经常用来形容很高、很大、很远、很广阔的事物：天有九重，地有九州，官有九品，人有九族……

jīng

经（經）經　經　经

金文　小篆　隶书

Longitude; scripture; classics

字形解析

"经"字是由"糸"（纟）和"巠"组成，"巠"既是声旁也是形旁，表示绷直、笔直、僵直。"经"的本义就是纺织机上等列纵向绷紧的丝线（以供纬线穿梭交织）。因为经线是作为纬线标准的，所以作为思想、道德、行为等标准的书，就被称为"经书"；具有典范性、权威性、经久不衰的万世之作，就被称为"经典"。

jū

裾

金文　　小篆　　隶书

the full front and back of a Chinese gown

字形解析

裾，是由"衣"和"居"组成的形声字，"居"是声旁。"裾"就是衣服的前后襟。

jù

踞

金文　　小篆　　隶书

squat

字形解析

"踞"由"足"和"居"组成，"居"表示读音，也表示身体长时间不挪动位置。"足"和"居"合起来说明"踞"就是腿足屈曲，说白了就是蹲坐。

jù

屦 (屨)

屨 屦

straw sandals

字形解析

先秦时，鞋称为屦。"屦"字是形声字。"尸＋彳"是"屦"的省略，屦表示鞋子，"娄"作声旁。屦就是用麻、葛等制成的单底鞋。周朝时候掌管王和王后衣服鞋屦的官就叫屦人。

lì

立

甲骨文　　金文　　小篆　　隶书

stand

字形解析

甲骨文的"立"，就像一个人站在地上，下面的一横表示地面。"立"的本义就是笔直地站立。

lǚ
履

甲骨文　金文　小篆　隶书

shoe; footstep

字形解析

　　"履"字是由"尸"、"彳"、"复"组成的。"尸"表示人；"彳"（chì），表示和行走有关。古时候，履字中的"复"由"夂"、"舟"组成。"夂"表示脚；"舟"像鞋子的样子。"履"的本义就是穿上鞋子前行、踏上。

má
麻

金文　小篆　隶书

a general term for hemp, flax, jute, etc.

字形解析

　　"麻"字由"广"和"林"组成：广（yǎn）表示房子，林（fèi）指削制的麻皮。合起来就表示在家里劈麻，进行剥制。麻主要是用来农作生产的，茎皮经沤制可以做麻绳、麻衣，很耐用。去皮后的茎可以当柴烧，皮与杆经过提炼纤维，还可以做宣纸。

mén
门（門）

甲骨文　　金文　　小篆　　隶书

door

字形解析

　　"门"字像门的样子，本义是双扇门。古时候一扇门板叫"户"，两扇门板叫"门"。在堂室东面的叫"户"，在宅区域的叫"门"。

mò
墨

甲骨文　　金文　　小篆　　隶书

Chinese ink; dark

字形解析

　　最早的墨是石器时代烧制彩陶的颜料，是用黑土、煤烟制成的，所以"墨"字是由"黑"和"土"组成。墨是文房四宝之一，中国最经典的字画是书法和水墨画，都离不开墨。

míng

冥　畀　界　冥

金文　　小篆　　隶书

dark;obscure

字形解析

"冥"字上面表示房屋，"日"表示太阳；下面的部分表示双手。合起来就是太阳被关起来，人看不清楚四周，只能靠双手摸索。"冥"的本义就是昏暗。

nǚ

女　　甲骨文　金文　小篆　隶书

woman; female

字形解析

"女"字就像女子跪坐的形象。女子跪坐在地上，双手放在胸前，是一个很合乎礼节的姿势，显得女性娴静美好，也体现了古代男主外，女主内的分工。古代称未婚的女性为"女"，已婚的女性为"妇"。

pǎo/páo
跑

跑　跑　跑

run

字形解析

　　"跑"是由"足"和"包"组成的形声字，"足"表示"跑"是脚上的动作。实际上，"跑"的本义是走兽用脚刨地，等于"刨"，所以西湖那一眼有名的泉应该叫"虎跑（páo）泉"；奔跑的"跑"是单脚支撑和腾空相交替、是蹬摆配合、脚下生风、动作协调的周期性运动。

qī
漆

漆　漆　漆

金文　　小篆　　隶书

lacquer

一字知礼

227

字形解析

　　"漆"的金文，就像一棵漆树，其中的四个点表示有漆滴下来。后来漆树下面的树杈变成了"人"字形；"人"下变形的"水"还表示滴下来的漆；"人"上的"木"还表示树木（漆树）；"氵"表示提取的生漆是一种液体，就是现在的"漆"字。因为这种漆树汁很黏稠，所以成语"如胶似漆"，就形容关系像胶（树胶）和漆那样亲密，难分难舍。漆树的树皮里有乳白色的汁液，接触到空气后就会变成暗褐色，叫生漆。这种生漆经过加工就会变成黑漆，漆黑的"漆"就是这么来的。

qī

妻

甲骨文　金文　小篆　隶书

wife

字形解析

　　《说文》里是这样解释"妻"字的字形的：妻，与丈夫相齐配的妇人。字形采用"女"、"屮"、"又"会义。屮（chè）像草木初生，引申为草木制作的持家工具。"又"是从手字形演变来的，表示操持事务。整个字形表示操持事务是妻子的职责。

qiè

妾

甲骨文　金文　小篆　隶书

concubine

字形解析

　　根据甲骨文字形，"妾"上面的"立"是从"辛"变来的，"辛"是从刑具变来的，"妾"就是因被俘或犯罪而被剥夺了自由，被迫为他人服务的女奴。

　　"辛"也可以从刑具理解为"权威"。"辛"与"女"合起来也可以表示"被威服的女子"，即服从正妻的女子。说明"妾"的家庭地位在正妻之下，受正妻管束。

字知系列丛书

qīng

青（青）   青 青 青

金文   小篆   隶书

young;black; blue or green

字形解析

"青"上面的部分是从"生"变来的，表示产生；下面的"月"是从矿井变来的。"青"就表示一种产自矿井的东西。丹色和青色，都是从矿石中提取出来的。古代绘画常用朱红色、青色，所以也把画称为"丹青"。

qū

趋（趨）   趨 趨 趋

金文   小篆   隶书

hurry along

字形解析

"趋"是形声字，"走"表示"趋"和行走有关。"趋"的本意就是小步快走。"趋"在一些古文里同"促"，表示短促、急速。

quán

全

whole

金文　小篆　隶书

字形解析

　　象形字的"全"，由"入"和"王"组成，"王"表示玉；"入"表示放入。合起来表示交纳的玉完整无缺。"全"的本义就是纯色的玉，后来引申为"完全"。

rén

人

human being

甲骨文　金文　小篆　隶书

字形解析

　　"人"字的字形就是站立的人，站立使人能运用双手，运用双手就会使人更聪明，这是人区别于动物的地方，人类就是这样用自己的智慧创造文明。

字知系列丛书

rèn

衽

金文大篆　　　小篆　　　隶书

the one or two pieces making up the front of a Chinese jacket

字形解析

"衽"是形声字。"衤"表示衽和衣服有关，"壬"（rén）是声旁。"衽"的本义就是衣襟。

shā

纱（紗）

小篆　　　隶书

yarn; voile

字形解析

"纱"字是由"纟"和"少"组成的，"少"表示读音，"纟"表示纱是纺织品，纱是丝线织成的，织得比较稀疏或有小孔，比如纱巾、纱布、纱帽。

shang / cháng

裳　　常　常　裳

金文大篆　　小篆　　隶书

skirt　(worn in ancient China)

字形解析

"裳"字由"尚"和"衣"组成，"尚"是声旁也是形旁，有摊开、展开、流行的意思。"尚"与"衣"合起来就表示人们常穿的、展开的下衣，也就是裙。古人的衣裳，"衣"是上衣，"裳"是下衣。

shí / sì / yì

食（食）

eat; food

甲骨文　　甲骨文　　金文

小篆　　隶书

字形解析

甲骨文的"食"，上边是个倒着的"口"，下边是食器中盛满了饭，表示张口吃饭。

shì

士

金文　小篆　隶书

bachelor (in ancient China);scholar;(commendable) person

字形解析

　　"士"的字形来自古代一种宽刃的战斧之形，手持战斧的人多是强壮有力的青年男子，由此引申出健壮、有能力等含义，"士"后来也指有能力的人。

sù

素

金文　小篆　隶书

raw silk

字形解析

　　"素"上面的部分是从"生"变来的，下面的糸（mì）表示丝，"素"的本义就是本色的生帛。引申为本色、白色、质朴。

táng

堂　　岕　岕　堂

hall　　金文　小篆　隶书

字形解析

　　"堂"是由"土"和"尚"组成,下面的"土"表示"地方","尚"是声旁也是形旁,有摊开、展平的意思;"尚"与"土"合起来就表示"堂",是住宅内的公共空间、共享空间、被各室围住的空间。庄重大方的地方就是"堂"。

tóu

头(頭)　　竹　頭　头

head　　金文　小篆　隶书

字形解析

　　在小篆中,"头"(頭)由"豆"和"页"(xié)组成。"页"像是突出头部的人形,指的就是人的头部。后来,"页"做了部首,因此增加声符"豆"(中国古代的高脚盛器,上部呈圆鼓状)创造出"頭"字,来表示像"豆"一样圆圆的脑袋。

wǔ

五

five

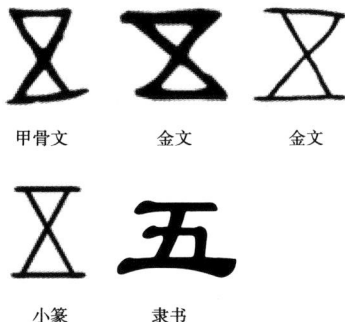

甲骨文　　　金文　　　金文

小篆　　　隶书

字形解析

　　"五"字的上下两横代表天地，"乂"表示互相交错。本义是阴阳在天地之间交午。既是正午，也是数的中间数。

xí

席

mat; seat

金文　　小篆　　　隶书

字形解析

　　"席"的古字是由"巾"和"庶"组成的。天子诸侯的席有刺绣镶边，故从"巾"，也指每个人的席位像布巾一样；席用来招待广大宾客，所以又从"庶"（庶＝众多）。"席"的本义就是供坐卧铺垫的用具。有的古字形里描述的"席"，就是屋下有垫子，还能见到垫子编织的纹理。

xiào

孝

金文　　　小篆　　　隶书

filial piety

字形解析

孝，上面是"老"的省略，描述的是长发长者；"子"表示子孙后代；合起来是老人在上，子孙在下，表示善于侍奉父母长辈。"孝"字的字形展现的是老人与子女的关系，那就是"子承老"。

xíng / háng

行

甲骨文　　　金文　　　小篆　　　隶书

row;walk;line

字形解析

行，在甲骨文里像四通八达的十字路口。"行"的本义就是行走的道路、行列。作为脚部动作的"行"，就是今天的"走"。

yán

筵

金文大篆　　小篆　　隶书

formerly, a bamboo mat spread on
the floor for people to sit; feast

字形解析

　　"筵"是形声字，从竹，延声。本义是竹席。这种竹席是古代铺在地上供人坐时垫底的。古人席地而坐，设席不止一层，紧靠地面的一层称筵，筵上面的称席。

yàn

宴

金文　　小篆　　隶书

banquet; feast

字形解析

　　"宴"字是由"宀"和"妟"（yàn）组成，"宀"表示房屋，"妟"有安定、安乐的意思，既是声旁也是形旁。"宴"的本义就是安定。所以"宴如、宴然"就是安定平静的样子。

yī / yì

衣

clothes

甲骨文　　金文　　小篆　　隶书

字形解析

甲骨文的"衣"字，上面的部分表示领口，两旁是袖筒，底下是两襟左右相覆的样子，"衣"的本义就是上衣。

yǐ

椅

chair

小篆　　隶书

字形解析

"椅"是形声字，因为最早的椅子是用木头做的，所以是"椅"是木字旁；奇，既是声旁也是形旁，是"倚"的省略，表示倚靠。椅子就是有靠背的坐具。

字知系列丛书

yǒng

踊

jump up

金文大篆　　　小篆　　　隶书

字形解析

　　"踊"是形声字，足字旁表示踊是脚的动作，"甬"是声旁表示读音。"踊"的本义就是往上跳。踊跃，就是跳跃欢呼。

yōu

幽

deep and remote

甲骨文　　甲骨文　　甲骨文　　金文

小篆　　　隶书

字形解析

　　幽，采用"山"和山中的二个"幺"会意，表示隐而不现。其实最早的"幽"字下面其实是"火"，后来才变成"山"。"幺"表示细丝，细丝一样的微弱火光，即"幽暗"之光。而且细丝极细微，最不耐火，见火即化。幽暗更像是火灭时飘逸的缕缕细烟。后来字形变为"山"和两个"幺"，同样可以表现山中飘逸的薄云或气雾的朦胧状态，幽暗不明。

yù

玉

jade

甲骨文　金文　小篆　隶书

字形解析

　　玉，甲骨文像一根丝绳串着三四片宝石薄片，后来为了与帝王的"王"字相区别，就在"王"字旁加一点，表示玉石的"玉"。

　　"玉"变成偏旁就是王字旁，字里带王字旁或带"玉"的字都和珍宝美玉有关，比如：玲珑、碧玺、珍珠、琳琅……

yuán

元

primary; chief

甲骨文　金文　小篆　隶书

字形解析

　　"元"字可以分解成"一"和"兀"，"兀"像人形，上面的一横指明头的部位。"元"的本义就是"人"的头顶，也就是头。

字知系列丛书

zhí

直

straight

甲骨文　　金文　　小篆　　隶书

字形解析

甲骨文的"直"，就是在眼睛上加一竖线，表示目光向正前方看，古人很早就已经知道视线是直的，因为光线是直线传播的。

zhōng / zhòng

中

middle

甲骨文　　甲骨文　　金文

小篆　　隶书

字形解析

"中"字就像在正中竖立的旗杆，上下有旌旗和飘带，正中间的"口"形就表示"中间"的意思，"中"的本义就是中心。

zhū

朱

甲骨文　　金文　　小篆　　隶书

vermilion

字形解析

甲骨文的"朱"字，是在树干中心加一圆点，后来变成"木"中间的"一"，表示"在树的里面"。合起来就是树心是红色的树。其实就是一种红木，所以"朱"就是红色。

zhù

箸

金文大篆　　小篆　　隶书

chopsticks

字形解析

筷子最早的称呼是"箸"。"箸"字由"竹"和"者"组成，表示筷子大多是竹子做的，所以是竹字头，下面的"者"是声旁表示读音。其实，"箸"字有个写法是"筯"。从这就可以看出，筷子最主要的作用是帮助进食。

zǒu

走

go; walk

金文　小篆　隶书

字形解析

　　甲骨文的"走"，就像人摆动两臂跑步的样子，下面像人的脚。合起来表示人在跑。"走"的本义可不是慢慢地行走，而是"跑"哦！

zú

足

foot

金文　小篆　隶书

一字知礼

243

字形解析

　　"足"字就像一只脚的侧面图，上面的方块，有人说代表膝盖，有人说代表踝关节，下面的撇和捺代表脚后跟和脚掌在行走时的状态，是不是很有动态感？秦汉以前，"足"和"趾"都表示"脚"的含义，而"脚"不是脚，是小腿。在魏晋之后，三个字都可以用来表示脚了，但在书面语中还是经常用"足"：比如捶胸顿足、手舞足蹈、三足鼎立……

zuò

坐

sit

字形解析

　　"坐"就像两人坐在土上，本义就是停下休息。古人席地而坐，"土"就是休息的地方。古人的坐，就是直接跪坐在地上，坐时两膝着地，屁股压在脚跟上。

字知系列丛书

244

后　记

　　在这本《一字知礼》中，我们结合汉字，从古代社会和现代社会的方方面面说礼道礼，从古代的礼制到现代的礼仪，从通行的礼文化到远古的祭祀……"礼"就这样从古走到今，影响我们的生活，贯穿中华文明的始终。

　　"礼"字在最早的甲骨文里就已经出现了。在甲骨文里，"礼（禮）"有两种形态：一种由鼓和两根鼓槌组成，表示在祭祀活动中一下一下有节奏地敲鼓，人们随着鼓点有节奏地做出相应的动作，从而引申出礼仪、礼节、礼貌这样的含义；另一种字形由鼓和两串玉石组成，表示在祭祀活动中敬献给祖先和神灵的礼物。小篆中的"禮"，将鼓和鼓槌（或玉石串）变为"曲"和"豆"（豊），"豊"是行礼的礼器，在字中也兼表字音；"礻"是由"示"变来的，表示祭祀活动。"礼"的本义就是举行礼仪仪式，祭神求福。

　　从汉字里，我们不难发现，"礼"来自古人对祖先和神灵的祭祀活动，是人类早期文化活动的主体。随着社会的发展，"礼"的范围也逐步扩大，包含了政治制度和人类行为的普遍规范。

　　对于我们现代人，尤其是青少年来说，"礼"既是解码中华文化的钥匙，也是在待人接物的实际生活中对自己的不同定位。有定律却富于变化，触手可及又需层层通关，还有什么是比这更酷更丰富的？

　　周公制礼作乐，用礼来安定人间秩序，用乐来协调人际情感。礼乐并举则天下安。孔子又创造性地以"仁"释"礼"，为"礼"注入了新的生机。荀子更是将"礼"与"法"融合，开启了中国古代君主集权社会儒表法里的治理模式。这种"礼法"模式绵延了两千多年，

一字知礼

上至庙堂，下至江湖，都以自己的形式奉行它，使得尊礼仪、讲礼数成为广泛的风俗，渗入到中国人的血液中，几千年的礼文化积淀，使中国成为世界闻名的礼仪之邦。

对于我们自身，践行"礼"也是切实的修身升级方式。知礼懂礼应用礼，可以让我们更有格调、视野更广、内心更强大、前路更宽阔，也能使我们在独处和社会生活中，更游刃有余、更愉悦和幸福。

颜回曾向孔子请教如何才能达到"仁"的境界，孔子回答说：努力约束自己，使自己的行为符合"礼"的要求（克己复礼为仁）。如果能够真正做到这一点，就可以达到理想的境界了（一日克己复礼，天下归仁焉），这是要靠自己去努力的。颜回又问：那么具体应当如何去做呢？孔子答道：不符合礼的事，就不要去看、不要去听、不要去说、不要去做（非礼勿视，非礼勿听，非礼勿言，非礼勿动）。颜回听后向老师说：我虽然不够聪明，但决心按照先生的话去做。

由此可见，"礼"不仅仅是一种仪式，也是一种紧要的、切实的修养方法。宋代学者朱熹进一步扩展了"克己复礼"的内涵："克己"的真正含义就是战胜自我的私欲，"礼"不仅仅是具体的礼节，也泛指天理，"复礼"就是应当遵循天理。

不管是天理还是仪礼，都是要讲礼的。重礼是中华文化的重要精神。"明礼"从广义说，就是文明守礼；从狭义说，作为待人接物的表现，是礼节、礼仪；作为个体修养，是礼貌；用于处理与他人的关系，是礼让……这些已经成为一个人、一个社会、一个国家文明程度的一种表征和直观展现，它足以让一个人、一个民族屹立不倒。

做个懂礼有礼的人，是不是挺好的？

字知系列丛书